ROMANO BRACCIALE

SEGNALAZIONI, PROTESTI E FINANZIAMENTI

Guida per Cancellare Segnalazioni e Accedere a Nuovi Crediti anche da Cattivo Pagatore

Titolo

"SEGNALAZIONI, PROTESTI E FINANZIAMENTI"

Autore

Romano Bracciale

Editore

Bruno Editore

Sito internet

www.brunoeditore.it

Sommario

Introduzione

Stiamo vivendo tutti un periodo non bello: la crisi ci attanaglia sempre di più, ci sono tante spese da affrontare ogni giorno (famiglia, figli, scuola, auto e chi più ne ha più ne metta) e tu, come me, conosci bene queste difficoltà.

Questa condizione, non piacevole, costringe il più delle volte a ritardare il pagamento delle rate di finanziamento e, purtroppo, a essere segnalati nella centrale dei rischi finanziari come **"cattivo pagatore"** o a essere **protestati** per assegni o cambiali.

Magari con tanti sacrifici, si riesce poi a normalizzare i pagamenti e si è convinti di avere sistemato le cose. Ma purtroppo la realtà è ben diversa e ce ne accorgeremo solo dopo aver richiesto un altro finanziamento, che puntualmente ci verrà negato.

Infatti, la cancellazione delle segnalazioni nelle centrali dei rischi finanziari avviene in tempi ben precisi, come disposto dal Garante della Privacy. Tempi prestabiliti che dipendono dal numero di rate in ritardo, dal fatto che siano state pagate o meno e quando.

Il più delle volte, non essendo a conoscenza di queste informazioni, iniziamo una "via crucis" tra banche e finanziarie, che respingono tutte le nostre richieste di finanziamento, ignorando oltremodo che così stiamo buttando altra "benzina sul fuoco".

Ignari del motivo del rifiuto, non sapendo che la richiesta rifiutata rimane inserita nelle centrali dei rischi finanziari, continuiamo il nostro giro spinti dalla speranza di trovare un'agenzia finanziaria che si comporti da "buon samaritano", accumulando così altre richieste respinte e altre segnalazioni, che renderanno ancora più difficile ottenere un finanziamento.

La ragione è semplice: nel momento in cui consultano i dati nelle centrali dei rischi finanziari per valutare il nostro profilo, agli istituti finanziari appaiono a video tutte le richieste in fase d'istruttoria e/o rifiutate, oltre alle eventuali segnalazioni precedenti di ritardo nel pagamento delle rate.

In questa condizione, oltre ad accumulare rifiuti di finanziamento, restiamo all'oscuro della nostra situazione nei sistemi d'informazione creditizia, non sapendo più come muoverci. Infatti, la segnalazione rimane lì e tu non riesci a capire come e perché questo accade.

Non riesci a capire perché, se hai necessità di un altro finanziamento, immancabilmente questo ti viene negato. Non riesci a capire perché, anche se hai pagato le rate in ritardo, c'è ancora la segnalazione. Non riesci a capire per quanto tempo ancora sarai segnalato. Non riesci a capire fra quanto tempo, e soprattutto se, potrai ancora richiedere finanziamenti. A questo punto sei nella confusione più totale.

Questa condizione è molto frequente tra chi ha un finanziamento in corso o chi ne sta per richiedere uno. Nella mia esperienza, maturata in oltre 12 anni nel settore finanziario e in quello creditizio, ho incontrato un'alta percentuale di clienti in situazioni del genere. Dal 1998 al 2005 ho lavorato come promotore finanziario per conto di alcuni istituti bancari quali Banca Mediolanum, Banca Toscana e Banca 121, entrambe del gruppo

Monte dei Paschi di Siena, e dal 2005 sono mediatore creditizio per diversi istituti bancari e finanziari.

Purtroppo questa non è l'unica ragione per cui una richiesta di finanziamento può essere respinta. Infatti, anche il protesto per assegno o cambiale può essere causa di respingimento, che può impedirti, magari, di acquistare la casa dei tuoi sogni. L'unica soluzione è sapere se e come è possibile cancellare un protesto, per poi accedere di nuovo a un finanziamento.

I casi sono diversi sia per quanto riguarda le centrali dei rischi finanziari, sia per quanto riguarda i protesti. In questa guida li analizzeremo tutti, per capire come funziona il sistema e come conoscere la nostra situazione riguardo ai sistemi d'informazione creditizia e ai protesti.

Per venire a capo della tua situazione, le strade che puoi seguire sono due:

1. affidarti ad aziende esterne, che esigeranno un onorario che parte da qualche centinaio di euro e può superare i 1.000, anche se i più seri chiedono solo un rimborso spese;

2. leggere questa guida, che, in modo semplice e dettagliato, ti insegnerà ad applicare da solo le tecniche giuste.

Il problema, purtroppo, non è solo quello del denaro. C'è anche il rischio d'incontrare (speriamo siano poche) persone che ti promettono cancellazioni di segnalazioni impossibili da fare. Non perché loro non siano in grado di farlo, ma perché il Garante della Privacy ha predisposto tempi ben precisi per le cancellazioni. Prima che questo tempo sia trascorso, non vi è altra possibilità che rassegnarsi e aspettare (a parte casi particolari, come il furto d'identità o se si è rimasti coinvolti in un raggiro).

Oltre ad aver speso dei bei soldoni, ti ritroverai al punto di partenza, senza considerare il tempo perso. Mai e poi mai nessuno (tranne qualche caso) ti dirà che tutto questo **puoi farlo da solo**, evitando di pagare soldi ad aziende esterne.

Lo scopo di questa guida è invece quello di comunicarti tutte le informazioni necessarie affinché tu possa agire in modo facile e del tutto autonomo. Richiedendo di avere accesso ai tuoi dati e verificando personalmente la tua situazione, eviterai anche l'imbarazzante momento in cui dovrai confidare i tuoi problemi a degli estranei.

Imparerai a leggere le visure e, se possibile, far cancellare le segnalazioni a tuo nome. Imparerai a richiedere e leggere la visura di un protesto e a cancellarlo. Troverai una descrizione che ti guiderà passo-passo in queste operazioni, precisando anche tempi e costi.

A differenza di altre guide che si occupano principalmente di strumenti finanziari del credito e descrivono solo marginalmente le centrali dei rischi finanziari, questa guida, dall'inizio alla fine, le avrà come punto di riferimento. Il nostro punto di vista sarà quello dei sistemi d'informazione creditizia e/o dei protesti e sarà descritto, in modo dettagliato e approfondito, il criterio in base al quale questi potranno influenzare una richiesta di finanziamento.

Il tutto sarà esposto con riferimento ai diversi tipi di strumenti creditizi utilizzati (prestito personale, mutuo, carta di credito, affidamento in conto corrente e così via), considerati singolarmente. Inoltre scoprirai i segreti e gli accorgimenti necessari per chiedere finanziamenti, anche avendo segnalazioni e/o protesti.

Questa guida ti presenterà tutto in una maniera semplice, in modo da darti la sensazione di aver sempre saputo come fare. Sarà come se io fossi lì, al tuo fianco, indicandoti passo-passo ciò che devi fare e come farlo.

A volte si fa molta confusione tra segnalazione e protesto, ma in questa guida imparerai la differenza. Il protesto, purtroppo, è un tasto dolente e, anche se è un problema differente dalle segnalazioni nelle centrali dei rischi finanziari, viaggia di pari passo nella valutazione del merito creditizio.

Pertanto ho ritenuto opportuno descriverne il funzionamento e spiegare tutti i passaggi da seguire per ottenerne la cancellazione, in modo da poter procedere autonomamente, eliminando i costi (che non sono pochi) di un incarico dato a un'azienda esterna.

Buona lettura!

Romano Bracciale

GIORNO 1:
Come capire i sistemi d'informazione creditizia

Come funzionano i sistemi d'informazione creditizia

I sistemi d'informazione creditizia (SIC), o centrali dei rischi finanziari, per semplicità chiamate anche banche dati creditizie, sono sistemi che gestiscono tutti i dati di tipo creditizio relativi alle richieste di finanziamento, sia di persone fisiche sia di persone giuridiche (aziende).

Con l'evolversi del mercato del credito, i SIC hanno assunto sempre più importanza, perché, mettendo in comune le informazioni dei vari istituti di credito, hanno determinato lo sviluppo del mercato stesso e diminuito i tassi d'insolvenza.

Questo sistema d'interscambio d'informazioni ha fatto sì che si creasse un archivio storico creditizio di tutte le richieste di finanziamento pervenute nei vari istituti finanziari, in modo da permettere una rapida consultazione e una più immediata valutazione sul merito di credito, abbassando notevolmente il rischio d'insolvenza.

Infatti, per ogni richiesta di finanziamento, che sia un prestito personale, un fido in conto corrente, una carta di credito, un mutuo, un qualsiasi finanziamento per acquistare a rate un bene o un servizio (il cosiddetto credito al consumo), è possibile avere accesso a tutti i dati inseriti nelle centrali dei rischi finanziari dagli istituti finanziari.

In pratica, ogniqualvolta vai in banca o da una finanziaria e richiedi un finanziamento, c'è uno scambio d'informazioni con questi sistemi informatici. I dati relativi alla tua richiesta vanno ad arricchire quest'archivio elettronico.

SEGRETO n. 1: ogniqualvolta vai in banca o da una finanziaria per richiedere un finanziamento, i dati relativi alla tua richiesta sono inseriti nelle centrali dei rischi finanziari a scopo di consultazione.

Il motivo per cui gli istituti finanziari eseguono questa

consultazione è avere presente il profilo della tua situazione creditizia, in modo da poter valutare immediatamente il **merito di credito**, il **livello d'indebitamento** e il **rischio di credito**.

In altre parole, controllano se hai pagato puntualmente o no i precedenti finanziamenti, se hai altri finanziamenti in corso e se la nuova rata, aggiunta alle altre eventualmente esistenti, superi il rapporto **rata/reddito**.

Il merito di credito verifica la tua puntualità nei pagamenti delle rate dei finanziamenti in corso o estinti; il livello d'indebitamento e il rischio di credito sono valutati in base al rapporto rata/reddito e alla presenza di altri finanziamenti. Il rapporto rata/reddito indica in che percentuale la rata complessiva incide sul tuo reddito. Di solito il criterio adottato dagli istituti finanziari per valutare il tuo livello d'indebitamento – cioè quale importo massimo del tuo reddito puoi tranquillamente dedicare al pagamento delle rate, senza avere problemi di rimborso – è fissato su un rapporto del tipo 30-40.

Significa che l'importo complessivo della rata non deve superare il **30/40% del tuo reddito**.

È evidente che, se il rapporto si avvicina maggiormente al 30%, le probabilità di ottenere il finanziamento sono maggiori. In questa percentuale è compreso anche l'importo delle rate di eventuali altri finanziamenti, che determinano il rimborso complessivo che sei in grado di sostenere.

Di solito le banche non superano il 30%, salvo che tu non sia loro cliente da tantissimi anni e abbia un merito creditizio buono. Le finanziarie, di solito, adottano maggiore elasticità nella valutazione della richiesta, e, anche se non tutte e non sempre, accettano un rischio maggiore. Normalmente il livello d'indebitamento ammesso può arrivare al 40%, o addirittura al 45%, a fronte di un interesse più alto e a determinate condizioni.

Tornando al discorso delle centrali dei rischi finanziari, possiamo dire che i sistemi d'informazione creditizia sono un grande archivio, al quale le banche e le finanziarie si collegano per attingere alle informazioni creditizie. Lo scopo degli istituti finanziari, nel momento in cui vi è una richiesta di finanziamento, è quello di consultare i sistemi d'informazione creditizia per avere un quadro completo dello storico creditizio legato al richiedente.

SEGRETO n. 2: lo scopo per cui gli istituti finanziari consultano i sistemi d'informazioni creditizie è avere un quadro completo dello storico creditizio legato al richiedente.

Non pensare che questo sistema sia una sorta di "lavagna dei cattivi", perché all'interno sono presenti anche dati positivi, che riguardano le rate pagate puntualmente e che vanno a formare uno storico creditizio eccellente per quel nominativo.

Questo è un ottimo biglietto da visita per un'eventuale richiesta di finanziamento. Infatti, anche se a qualcuno può sembrare strano, l'assenza di uno storico, sia positivo sia negativo, nelle banche dati comporta, di solito, una bocciatura della richiesta.

Questo è dovuto al fatto che, non avendo uno storico, gli istituti finanziari non riescono a valutare il rischio d'insolvenza. Pertanto, non conoscendo il comportamento del richiedente riguardo alla puntualità nel pagamento delle rate, di solito bocciano la richiesta, oppure per deliberare chiedono un garante che abbia uno storico positivo.

Questo grande archivio d'informazioni creditizie si divide in **centrali dei rischi finanziari pubbliche** e **centrali dei rischi finanziari private**, a seconda del tipo di strumento finanziario utilizzato e dell'importo richiesto.

Come funziona la centrale dei rischi finanziari pubblica

Fino al 31 dicembre 2008 le centrali dei rischi finanziari erano: la **CR (centrale rischi)** della Banca d'Italia e la **CRIC (centrale rischio di importo contenuto)**.

La CR della Banca d'Italia gestiva la centrale dei rischi finanziari per finanziamenti d'importo superiore a € 75.000, mentre la CRIC gestiva, sotto la vigilanza della Banca d'Italia, finanziamenti d'importo inferiore a € 75.000 ma superiore a € 30.000.

Dall'1 gennaio 2009 la CR, in base alla nuova normativa, ha iniziato a gestire anche le posizioni a partire da € 30.000, assorbendo quindi quelle che in precedenza erano di competenza della CRIC. Da questa data gli istituti finanziari hanno iniziato a comunicare i dati direttamente alla CR.

Tuttavia, non essendo gli archivi ancora unificati, per le segnalazioni fino al 31 dicembre 2008 è ancora possibile rivolgersi alla CRIC. A ogni modo, in questa guida tratteremo solo la centrale dei rischi finanziari della Banca d'Italia. La normativa a riguardo è in continua evoluzione, pertanto per maggiori informazioni è consigliabile rivolgersi a una filiale della Banca d'Italia.

Come funzionano le centrali dei rischi finanziari private

Le centrali dei rischi finanziari private gestiscono dati per finanziamenti con importi inferiori a € 30.000 e sono: **CRIF S.p.A.**, **CTC (consorzio per la tutela del credito)** ed **EXPERIAN Information Services S.p.A.** Vediamole una per una in dettaglio.

CRIF S.p.A. gestisce le informazioni creditizie EURISC sia positive sia negative. Al suo interno troviamo cioè segnalati sia ritardi sia puntualità nei pagamenti e anche dati che si riferiscono a finanziamenti estinti. In questa centrale dei rischi finanziari possiamo trovare dati che si riferiscono a diversi tipi di finanziamento, insieme a informazioni provenienti da Tribunali e registri immobiliari (ad esempio fallimenti, ipoteche, pignoramenti ecc.). Questa è una tra le più conosciute centrali dei rischi finanziari.

Il **CTC (consorzio per la tutela del credito)** gestisce principalmente dati di finanziamenti relativi al credito al consumo. Il credito al consumo è quel tipo di finanziamento che permette l'acquisto a rate di un bene o di un servizio. Per intenderci, è quel finanziamento che offrono nei centri commerciali per l'acquisto a rate di un televisore, un cellulare, un computer ecc. I dati che tratta questa centrale dei rischi finanziari sono di tipo negativo. Vengono quindi segnalati solo i ritardi di pagamento.

EXPERIAN Information Services S.p.A. è una centrale dei rischi finanziari che tratta dati di tipo sia positivo sia negativo. In questo sistema d'informazione creditizia confluiscono dati provenienti, oltre che da banche e finanziarie, anche da soggetti privati che concedono dilazioni di pagamento per la fornitura di beni o servizi inerenti alla loro attività.

SEGRETO n. 3: nelle centrali dei rischi finanziari non sono inseriti solo dati negativi ma anche positivi, quindi sia ritardi sia puntualità nei pagamenti. La presenza di dati positivi abbinati al proprio nominativo è un ottimo biglietto da visita per la richiesta di un finanziamento.

Chi e come fa una segnalazione

Le centrali dei rischi finanziari non sono società finanziarie: gestiscono solo dati d'informazioni creditizie. Pertanto il buon esito di una richiesta di finanziamento dipende esclusivamente dalle banche e dalle finanziarie, che decidono in base ai loro criteri interni di valutazione e agiscono in modo del tutto autonomo.

Le banche e le finanziarie possono aderire o no a questi sistemi d'informazioni creditizie, anche se quasi tutte lo fanno. Nella mia attività di mediatore creditizio ad esempio ho incontrato delle banche (sono veramente pochissime e di solito sono banche locali) che, per la valutazione del merito creditizio, adottano criteri interni propri, senza ricorrere a questo tipo di scambio d'informazioni.

Come avrai sicuramente capito, chi fa la segnalazione alle centrali dei rischi finanziari è la banca o la finanziaria che ti ha concesso il finanziamento. Infatti, a ogni scadenza delle rate, questa comunica l'aggiornamento dei dati alle centrali dei rischi finanziari.

SEGRETO n. 4: le centrali dei rischi finanziari non sono società finanziarie ma gestiscono soltanto i dati. La segnalazione è inserita dall'istituto che ti ha concesso il finanziamento, il quale aggiorna i tuoi dati a ogni scadenza delle rate.

Anche se è possibile inserire la segnalazione dopo aver comunicato all'interessato il ritardo nel pagamento senza esito positivo, di solito la prassi degli istituti finanziari è di aspettare almeno due rate scadute.

Nel frattempo, vi sono diverse forme di sollecito sia verbale sia scritto da parte dell'istituto, che, nell'ultima comunicazione scritta, avverte il suo cliente che in caso di mancata regolarizzazione dei pagamenti avverrà la segnalazione.

Conoscere i tempi di permanenza delle segnalazioni

È molto importante conoscere i tempi di permanenza delle segnalazioni nelle centrali dei rischi finanziari, perché in base a questo è possibile sapere quanto bisognerà attendere per chiedere un nuovo finanziamento. Questi tempi sono diversi a seconda che si tratti di una centrale dei rischi finanziari pubblica o privata.

Centrale dei rischi finanziari pubblica

La centrale dei rischi finanziari pubblica non è obbligata ad attenersi a quanto stabilito dal Garante della Privacy riguardo ai tempi di permanenza dei dati creditizi. Pertanto, alcuni dati creditizi di sua competenza potrebbero restare nel sistema anche per diverso tempo, ma la loro visibilità agli istituti finanziari potrebbe essere limitata, come spiegheremo più avanti nel capitolo dedicato alla lettura e cancellazione delle segnalazioni.

Centrali dei rischi finanziari private

Il 1° gennaio 2005 è entrato in vigore *Il Codice di deontologia e di buona condotta per i sistemi informativi gestiti da soggetti privati in tema di crediti al consumo, affidabilità e puntualità nei pagamenti*. Che significa tutto questo?

Che dal 1° gennaio 2005 tutte le centrali dei rischi finanziari private devono attenersi a questo codice approvato dal Garante della Privacy, rispettando la prevista durata di permanenza dei dati inseriti nel loro archivio.

Per quanto tempo i dati rimangono dunque inseriti nei sistemi d'informazione creditizia? I tempi di permanenza dipendono dal tipo di segnalazione, dal numero di rate in ritardo e dal fatto che siano state pagate o meno.

SEGRETO n. 5: l'obbligo di attenersi alle norme emanate dal Codice deontologico per i sistemi informativi, approvato dal Garante della Privacy ed entrato in vigore il 1° gennaio 2005, è valido unicamente per le centrali dei rischi finanziari private.

Conoscere i vari tipi di segnalazione

Le segnalazioni non sono tutte uguali e non hanno tutte lo stesso peso. Di seguito troverai una descrizione di ogni tipo di segnalazione gestita da una centrale dei rischi finanziari.

Richiesta di finanziamento

Quando si richiede un finanziamento, sia esso respinto o in fase d'istruttoria, bisogna attendere 180 giorni per la cancellazione. Se verifichi che questo dato non è stato cancellato, puoi richiederne tu l'eliminazione.

Tieni presente che, se ti sei recato in una banca o in una finanziaria per fare richiesta di un finanziamento e sei in attesa dell'esito, questa richiesta è inserita nel sistema d'informazione creditizia.

Pertanto, se decidi di rivolgerti ad altre finanziarie o banche, perché, magari, nel frattempo hai trovato un altro istituto finanziario che ti offre tassi e condizioni migliori, ricordati che la tua precedente richiesta è visibile per almeno 180 giorni.

Rinuncia al finanziamento

Se richiedi un finanziamento e poi decidi di rinunciarvi, la cancellazione di questa segnalazione avviene dopo 30 giorni dalla rinuncia. In caso contrario la puoi richiedere.

Molti non sono a conoscenza del fatto che, se una richiesta di finanziamento non è ancora stata deliberata, cioè se non si è ancora a conoscenza dell'esito, si può decidere di rinunciarvi. Si può rinunciare al finanziamento anche dopo che l'istituto lo ha concesso, ma in questo caso farlo è un po' più complicato.

Questa possibilità potrebbe esserti utile nel caso tu abbia trovato una finanziaria o una banca che ti concede il finanziamento a tassi e condizioni migliori. In ogni caso, prima di procedere con la rinuncia, ti consiglio di chiedere tutte le informazioni possibili all'istituto dove hai fatto richiesta, per evitare un'eventuale penalità.

Ritardo di pagamento di 1-2 rate o mensilità

Se hai ritardato il pagamento di 1-2 rate o mensilità, dovrai attendere 12 mesi dalla regolarizzazione dei ritardi per ottenere la cancellazione. Qualora la cancellazione non avvenga in modo automatico, la puoi richiedere. Attenzione però: il calcolo dei 12 mesi parte dalla **regolarizzazione**, non dalla data di scadenza delle rate, quindi dal momento in cui hai pagato le rate arretrate.

SEGRETO n. 6: i tempi di permanenza delle segnalazioni nelle centrali dei rischi finanziari cominciano a decorrere dalla data della regolarizzazione dei ritardi, non dalla data di scadenza delle rate.

A volte può capitare di ritardare il pagamento delle rate per una momentanea mancanza di liquidità. In questo caso, il mio consiglio è di non aspettare di avere il denaro necessario per pagare più rate contemporaneamente, ma mettersi in contatto immediatamente con la banca o la finanziaria e spiegare il motivo del ritardo. Bisogna cercare un accordo sulle modalità del rimborso delle rate in ritardo, evitando in questo modo la segnalazione.

Di solito gli istituti finanziari sono molto flessibili in queste circostanze e saranno ben lieti di venirti incontro, anche perché il loro obiettivo è farsi rimborsare le rate, non "dichiararti guerra". Chiaramente l'accordo va rispettato, altrimenti, in caso dovesse eventualmente succederti di nuovo, non saresti più creduto e la tua banca o finanziaria difficilmente mostrerà la stessa flessibilità della prima volta.

SEGRETO n. 7: in caso di ritardo nel pagamento di 1 o 2 rate, una soluzione per evitare la segnalazione potrebbe essere quella di cercare un accordo con l'istituto finanziario per un rientro a breve.

Ritardo di pagamento di più di 2 rate o mensilità

Se le rate in ritardo sono più di due, devono trascorrere 24 mesi dalla loro regolarizzazione affinché avvenga la cancellazione. Attento, come nel caso precedente, il conteggio parte dalla data di pagamento delle rate in ritardo, non dalla loro scadenza naturale.

Qualora la segnalazione sia ancora presente nei sistemi informativi creditizi dopo la scadenza fissata, puoi chiedere tu stesso la cancellazione. In questo caso, purtroppo, la segnalazione di solito è inevitabile.

Rate non pagate, ma raggiungimento di un accordo a saldo e stralcio con l'istituto o il recupero crediti

Se non si riescono a pagare tutte le rate, ma si trova un accordo, magari a saldo e stralcio, con la banca o la finanziaria che ha concesso il prestito, o con la società di recupero credito cui è stato ceduto, la cancellazione avviene decorsi 36 mesi dalla data di quest'accordo, che dovrai allegare alla richiesta nel caso richiedessi la cancellazione.

Se non viene rimborsato il finanziamento e non si raggiunge nessun accordo né con l'istituto finanziario, né con il recupero crediti

Quando non si riesce a rimborsare il finanziamento e non si trova nessun accordo né con la banca o la finanziaria che ti ha concesso il prestito, né con la società di recupero crediti cui è stato ceduto, la cancellazione avviene decorsi 36 mesi dalla data di scadenza del contratto di prestito.

Nel caso la segnalazione sia ancora presente nei sistemi informativi creditizi dopo questa data, puoi chiederne la cancellazione.

Truffe e raggiri

Se sei stato vittima di raggiri e truffe e/o la tua identità e stata usata a tua insaputa, puoi chiedere immediatamente la cancellazione della segnalazione, allegando copia della denuncia fatta alle forze dell'ordine. Nel caso ti trovassi in questa particolare situazione, ti consiglio comunque di rivolgerti a un legale.

RIEPILOGO DEL GIORNO 1:

- SEGRETO n. 1: ogniqualvolta vai in banca o da una finanziaria per richiedere un finanziamento, i dati relativi alla tua richiesta sono inseriti nelle centrali dei rischi finanziari a scopo di consultazione.
- SEGRETO n. 2: lo scopo per cui gli istituti finanziari consultano i sistemi d'informazioni creditizie è avere un quadro completo dello storico creditizio legato al richiedente.
- SEGRETO n. 3: nelle centrali dei rischi finanziari non sono inseriti solo dati negativi ma anche positivi, quindi sia ritardi sia puntualità nei pagamenti. La presenza di dati positivi abbinati al proprio nominativo è un ottimo biglietto da visita per la richiesta di un finanziamento.
- SEGRETO n. 4: le centrali dei rischi finanziari non sono società finanziarie ma gestiscono soltanto i dati. La segnalazione è inserita dall'istituto che ti ha concesso il finanziamento, il quale aggiorna i tuoi dati a ogni scadenza delle rate.
- SEGRETO n. 5: l'obbligo di attenersi alle norme emanate dal Codice deontologico per i sistemi informativi, approvato dal Garante della Privacy ed entrato in vigore il 1° gennaio 2005,

è valido unicamente per le centrali dei rischi finanziari private.

- SEGRETO n. 6: i tempi di permanenza delle segnalazioni nelle centrali dei rischi finanziari cominciano a decorrere dalla data della regolarizzazione dei ritardi, non dalla data di scadenza delle rate.
- SEGRETO n. 7: in caso di ritardo nel pagamento di 1 o 2 rate, una soluzione per evitare la segnalazione potrebbe essere quella di cercare un accordo con l'istituto finanziario per un rientro a breve.

GIORNO 2:
Come fare richiesta di accesso ai dati

Perché è importante verificare la situazione dei propri dati

Conoscere la situazione dei propri dati inseriti nei sistemi d'informazione creditizia è molto importante. Una verifica andrebbe fatta periodicamente, a maggior ragione se si ha intenzione di chiedere un finanziamento.

Questo ci permette infatti di avere chiara tutta la situazione in tempo reale ed eventualmente chiedere la cancellazione prima di fare richiesta di finanziamento, evitando così una bocciatura e una perdita di tempo. Potrebbe sembrare uno scrupolo inutile, soprattutto se si stanno pagando regolarmente le rate del finanziamento o non se ne è mai richiesto uno.

Purtroppo a volte la realtà potrebbe rivelare delle spiacevoli sorprese. Potrebbe accadere, ad esempio, che, facendo un controllo sulle banche dati, si notino delle segnalazioni passate delle quali non ci ricordavamo affatto, oppure si scopra di essere stati vittima di un furto d'identità. Anche se sembrano situazioni impossibili, credimi, succedono più spesso di quanto tu possa immaginare.

È chiaro però che, se hai la certezza matematica di conoscere esattamente la tua situazione nella banca dati, puoi procedere tranquillamente con la richiesta di finanziamento.

SEGRETO n. 8: è sempre consigliato verificare la propria situazione creditizia nelle banche dati, prima di procedere con una richiesta di finanziamento.

A tal proposito voglio raccontarti un aneddoto personale. Tempo fa un cliente venne da me per fare richiesta di un mutuo per acquistare casa, ed io, come faccio di solito, gli chiesi tra l'altro se c'erano in corso altri finanziamenti e/o ritardi di pagamento presenti e passati. Il cliente, forse un po' infastidito dalla domanda, mi rispose di aver pagato sempre puntualmente, anzi a volte anche più di una rata contemporaneamente.

Quest'ultimo dettaglio, cioè il fatto di aver pagato più rate in una volta, cosa che per lui poteva essere quasi un vanto, mi insospettì. Feci notare al cliente che non era una questione di mancanza di fiducia nei suoi confronti, spiegandogli che, qualora fossero saltate fuori segnalazioni precedenti, ci sarebbero potuti essere problemi con la sua richiesta. Gli consigliai, quindi, di fare un controllo sulle banche dati prima di procedere, e, vista la mia insistenza, il cliente accettò.

Ebbene leggendo le risposte delle banche dati, con suo grande stupore, trovammo una segnalazione di piccolissimo importo e di vecchia data. Che cosa era successo? Tempo addietro aveva acquistato un utensile, pagando piccolissime rate con dei bollettini postali.

A volte, forse un po' per pigrizia, un po' per mancanza di tempo, aveva pagato le rate non alla loro scadenza naturale, ma 2 o 3 alla volta. Pensando, probabilmente, che, essendo le rate di piccolo importo, era meglio raggrupparle e non perdere tempo a pagarle una a una ogni mese.

Chiaramente il cliente era in buona fede e non voleva certo venire meno al pagamento del finanziamento, né tanto meno nascondermi questo episodio: semplicemente non conosceva il funzionamento delle banche dati.

Ti ho raccontato questo aneddoto per dimostrarti che a volte, sia per mancanza d'informazioni sul funzionamento delle banche dati, sia semplicemente per il fatto che ci si dimentica di finanziamenti o passati pagamenti in ritardo, possono risultare segnalazioni di cui neanche sospettavamo l'esistenza.

In questo caso, fortuna volle che i tempi di permanenza della segnalazione fossero lì lì per scadere, per cui bastò aspettare solo poco tempo prima di inoltrare la richiesta di mutuo, altrimenti, chissà, quel cliente avrebbe forse perso l'occasione di acquistare la casa che tanto desiderava.

Come fare richiesta di accesso ai dati nelle centrali dei rischi finanziari private

Fare una richiesta di accesso ai dati nelle centrali dei rischi finanziari può sembrare molto complesso per i "non addetti ai lavori". In realtà è molto semplice e di seguito apprenderai tutte le informazioni necessarie per farlo in modo del tutto autonomo.

Per presentarti il tutto nella maniera più agevole possibile, anche ai fini di una consultazione futura, ho deciso di spiegarti la procedura da seguire per ogni centrale rischio, guidandoti passo-passo per aiutarti a eseguire la richiesta in modo semplice e veloce.

Per ognuna delle centrali dei rischi finanziari (CRIF, CTC, EXPERIAN), la documentazione di cui hai bisogno per procedere con la richiesta è una fotocopia di un documento d'identità in corso di validità e del codice fiscale. Una raccomandazione: le fotocopie devono essere il più leggibile possibile. Ti dico questo per esperienza, perché, in caso contrario, te le chiederanno nuovamente, con una notevole perdita di tempo.

SEGRETO n. 9: per richiedere una visura nelle centrali dei rischi finanziari, devi presentare la fotocopia di un documento d'identità in corso di validità e del codice fiscale. Queste fotocopie devono essere il più leggibile possibile.

CRIF: come procedere

Per quanto riguarda CRIF, la procedura è molto semplice perché avviene completamente online. I passi da seguire sono i seguenti: innanzitutto collegati al sito www.crif.it. Quando sei nella pagina principale (vedi fig. in basso), vai all'elenco che trovi sulla sinistra e clicca su "**consumatori**".

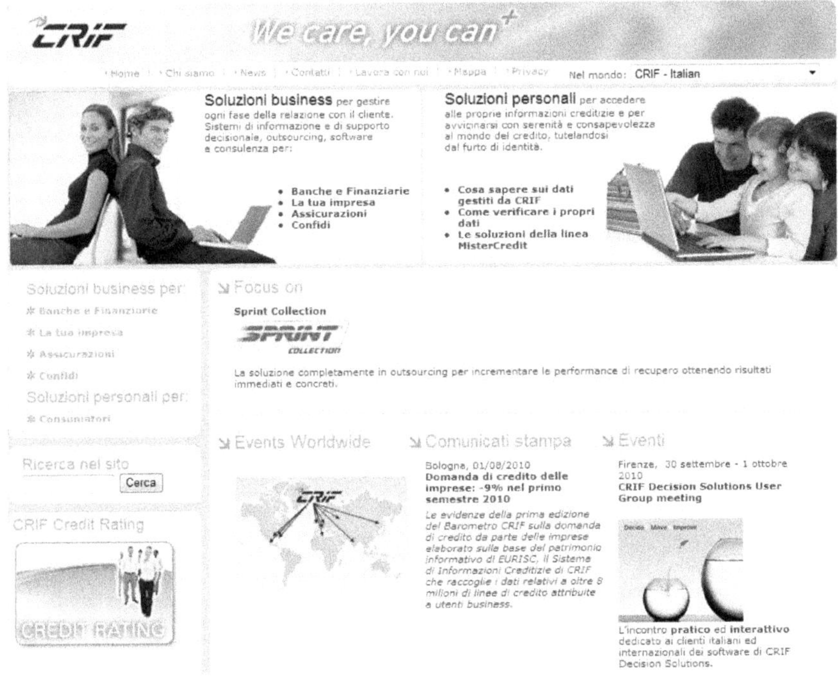

Adesso che sei nella sezione "**consumatori**", devi accedere nell'area "**Come verificare i propri dati**", situata sulla sinistra (fig. in basso).

Una volta entrato nell'area "Come verificare i propri dati" (fig. in basso), devi accedere alla sezione "**Invia la tua richiesta a CRIF, in pochi passi semplici e veloci**", situata al centro della pagina.

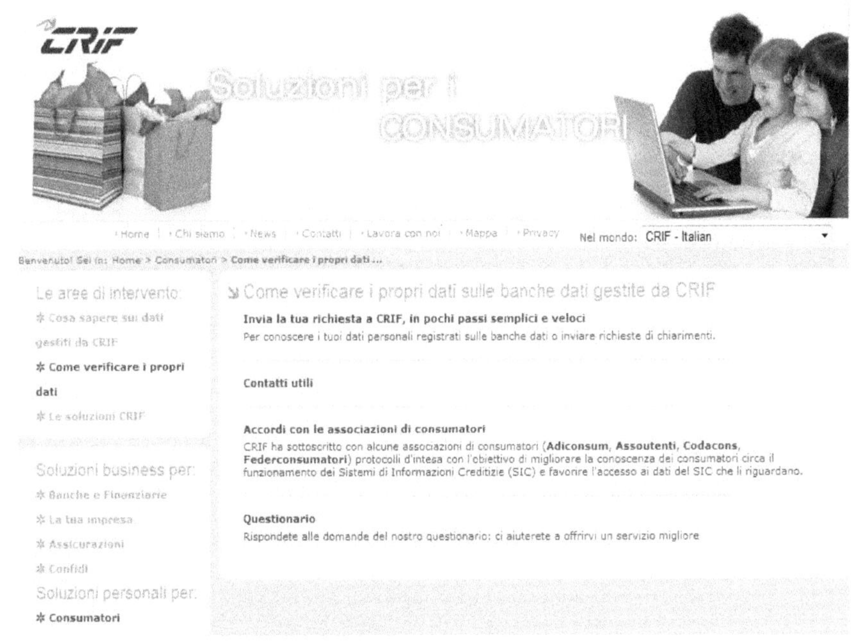

A questo punto ti appare una schermata identica a quella riprodotta qui in basso, che ti spiega come inviare la richiesta. Nella parte inferiore trovi tre pulsanti: clicca su “Persona”, se vuoi fare richiesta come persona fisica; su “Azienda”, se vuoi fare richiesta come persona giuridica; su “Istruzioni per l’uso”. se hai bisogno di ulteriori informazioni.

Invia la tua richiesta a CRIF
in pochi passi semplici e veloci

I passi da seguire

Seguendo le istruzioni in pochi passi potrai ricevere la documentazione che ti interessa

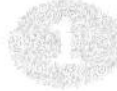

Inserisci nel modulo online la tua richiesta

Indica il tipo di verifica che desideri indirizzare a CRIF, i tuoi dati anagrafici e la modalità con cui vuoi ricevere la nostra risposta.

Ottieni così il modulo di richiesta da stampare e firmare

Il modulo è in formato .pdf, per aprirlo ti serve Acrobat Reader

Inviaci i documenti

Inviaci via fax, e-mail o per posta il modulo di richiesta da te firmato e un documento valido per l'identificazione

Se fai la **richiesta a titolo personale** (persona fisica) allega:

- una fotocopia o una scansione di un tuo documento d'identità valido (carta d'identità, patente o passaporto) e del tuo codice fiscale

Se vuoi **conoscere i dati dell'azienda** di cui sei legale rappresentante allega:

- una fotocopia o una scansione della visura camerale completa (è importante che siano presenti la partita iva, l'esatta denominazione dell'azienda, e la tua qualifica di legale rappresentante dell'azienda)
- una fotocopia o una scansione di un tuo documento d'identità valido (carta d'identità, patente o passaporto)

Entro 15 giorni dal ricevimento della documentazione completa **ti invieremo la risposta** secondo la modalità da te scelta.

Se fai la richiesta a titolo personale clicca su "PERSONA" **Persona**

Se fai la richiesta per l'azienda di cui sei legale rappresentante, clicca su "AZIENDA" **Azienda**

Se hai dubbi sull'inserimento della richiesta visita la pagina "Istruzioni per l'uso" **Istruzioni per l'uso**

Cliccando ad esempio su "Persona", si entra in questa sezione, dove inizia la richiesta di accesso ai dati.

Invia la tua richiesta a CRIF
in pochi passi semplici e veloci

CRIF

La tua richiesta | Dati aggiuntivi | I tuoi dati | Conferma

Tipo di richiesta

Indica la tua richiesta a CRIF selezionando una o più opzioni. Vanno bene scelte multiple, ma almeno un tipo deve essere selezionato

A. Chiedo di conoscere i dati registrati sul Sistema di Informazioni Creditizie (SIC) di CRIF

Tale richiesta permette di ricevere un documento con il dettaglio dei dati registrati sul SIC di CRIF. Questo tipo di richiesta può essere inoltrato a CRIF al massimo ogni 90 giorni.

B. Chiedo la modifica dei dati relativi a uno o più rapporti di credito che ho verificato essere presenti nel SIC di CRIF

Per meglio individuare i dati da rettificare e poterci indicare a quale rapporto di credito si riferiscono, ti suggeriamo innanzitutto di inviare la richiesta per conoscere i dati registrati sul SIC di CRIF (opzione A).

C. Sono vittima di furto di identità e pertanto richiedo la cancellazione dei rapporti di credito che ho verificato essere presenti nel SIC di CRIF e ai quali dichiaro di essere totalmente estraneo

Per accelerare l'iter della richiesta è fondamentale allegare la denuncia presentata alle Forze dell'Ordine per dichiarare l'estraneità al rapporto di credito.

D. Chiedo di conoscere le informazioni raccolte da CRIF presso i Tribunali e gli Uffici di Pubblicità Immobiliare

Questa Banca Dati gestita da CRIF contiene le informazioni raccolte dai Pubblici Registi dei Tribunali e Uffici di Pubblicità Immobiliare.

E. Chiedo di aggiornare i dati che ho verificato essere stati raccolti da CRIF presso i Tribunali e gli Uffici di Pubblicità Immobiliare

La richiesta di rettifica di questo tipo di dato può essere formulata a CRIF solo quando si è rilevata una non corrispondenza tra le informazioni raccolte nella Banca Dati gestita da CRIF e quelle registrate presso i Tribunali e gli Uffici di Pubblicità Immobiliare. CRIF non può cancellare il contenuto di tali archivi e dei dati ivi inseriti, né può in alcun modo intervenire sugli stessi, cosa che invece deve essere richiesta all'ente preposto alla loro gestione.

precedente | continua

In questa sezione sono presenti cinque opzioni. Andiamo a elencarle, spiegandole una dopo l'altra:

A. *Chiedo di conoscere i dati registrati sul Sistema di Informazioni Creditizie (SIC) di CRIF.* Questa è la richiesta che a noi interessa, perché ci permette di conoscere i dati presenti in CRIF per fare la visura.

B. *Chiedo la modifica dei dati relativi a uno o più rapporti di credito che ho verificato essere presenti nel SIC di CRIF.* Questa è l'opzione da utilizzare nel caso in cui si voglia

C. *Sono vittima di furto d'identità e pertanto richiedo la cancellazione dei rapporti di credito che ho verificato essere presenti nel SIC di CRIF e ai quali dichiaro di essere totalmente estraneo.* Questa è l'opzione da utilizzare nel caso si sia stati vittima di un furto d'identità e si voglia quindi chiedere la cancellazione dei dati.

D. *Chiedo di conoscere le informazioni raccolte da CRIF presso i Tribunali e gli Uffici di Pubblicità Immobiliare.* Questa è l'opzione da utilizzare nel caso in cui si vogliano conoscere le informazioni raccolte sul nostro conto presso i Pubblici Registi dei Tribunali e gli Uffici di Pubblicità Immobiliare.

E. *Chiedo di aggiornare i dati che ho verificato essere stati raccolti da CRIF presso i Tribunali e gli Uffici di Pubblicità Immobiliare.* Selezionando quest'opzione, puoi richiedere la rettifica delle informazioni inesatte raccolte da CRIF presso i Tribunali e gli Uffici di Pubblicità Immobiliare.

Dopo aver selezionato l'opzione che ci interessa, clicchiamo su "**continua**". La schermata che ci appare adesso (fig. in basso) è il form per l'inserimento dei dati personali. Il form è suddiviso in tre parti e tutta la compilazione avviene online.

Invia la tua richiesta a CRIF
in pochi passi semplici e veloci

CRIF

La tua richiesta | Dati aggiuntivi | I tuoi dati | Conferma

I tuoi dati

Indica i tuoi dati anagrafici e la modalità di risposta che preferisci

* campi obbligatori

Dati Anagrafici

Cognome * | Nome *

Data di nascita * / / | Sesso *

Codice fiscale * | Comune di nascita *

Provincia di nascita * | Se non sei nato in Italia seleziona la provincia ESTERO

Nazione di nascita * | Numero di telefono

Se i dati anagrafici risultano non congruenti con il tuo codice fiscale ti suggeriamo di trascrivere esattamente quanto riportato sul tesserino dell'Agenzia delle Entrate o sulla tessera sanitaria.

Il tuo numero di telefono è facoltativo e sarà utilizzato solo nel caso si rendessero necessari chiarimenti sulla tua richiesta.

* campi obbligatori

Dati di Residenza

Indirizzo * | Numero civico *

Comune * | CAP *

Provincia * | Nazione *

* campi obbligatori

Modalità di invio della risposta

Desidero ricevere la risposta secondo la seguente modalità

Modalità veloce via e-mail

la tua e-mail | conferma e-mail

Modalità con recapito postale: ti verrà inviata una lettera all'indirizzo di residenza o all'indirizzo del tuo domicilio di seguito indicato

Se desideri ricevere il report ad un indirizzo differente da quello di residenza compila i campi seguenti:

Indirizzo | Numero civico

Comune | CAP

Provincia | Nazione

Controlla di aver digitato correttamente il tuo indirizzo e-mail, perché qualora risultasse errato, inesistente o in qualunque modo non raggiungibile, invieremo automaticamente la risposta a mezzo posta al tuo indirizzo di residenza.

Scegliendo la modalità di invio con recapito postale, non possiamo garantire il ricevimento della risposta in 15 giorni, in quanto CRIF non è in grado di controllare i tempi di recapito delle Poste.

precedente | continua

Dati anagrafici: in questa sezione devi obbligatoriamente inserire tutti i dati anagrafici richiesti dal form.

Dati di residenza: in questa sezione devi inserire le informazioni che si riferiscono alla tua residenza. Anche in questo caso, i dati richiesti sono obbligatori.

Modalità d'invio della risposta: In questa sezione puoi scegliere se ricevere la risposta via email o per posta ordinaria, indicando l'indirizzo esatto di posta elettronica o, in alternativa, il recapito postale. Ovviamente l'invio della risposta per email è più veloce: nel giro di qualche giorno la riceverai. Con la posta tradizionale, invece, passano di solito 15 giorni. In questo caso, inoltre, riceverai insieme alla risposta anche un bollettino di pagamento di 10 euro: CRIF richiede infatti un contributo spese volontario per il servizio offerto. Il contributo è facoltativo.

Una volta finito di compilare il form dei dati, passi alla fase dell'invio della documentazione. Anche in questo caso puoi scegliere se procedere con l'invio online o per posta.

Per procedere con l'invio online, hai bisogno di uno scanner per fare la scansione del tuo documento d'identità, del codice fiscale e del modulo di richiesta firmato. Devi infatti scaricare il foglio che ti appare a video con i dati che hai inserito, stamparlo, firmarlo, fare la scansione e inviarlo via email, insieme agli altri documenti, all'indirizzo di posta elettronica indicato.

Se scegli di inviare la richiesta per posta ordinaria, devi invece stampare il foglio che ti appare a video con i dati che hai inserito, firmarlo e inviarlo in busta chiusa, insieme alla fotocopia del tuo documento d'identità e del codice fiscale, al recapito postale indicato.

SEGRETO n. 10: per quanto riguarda CRIF, l'invio online è quello consigliato per avere una risposta in tempi ancora più brevi. Bisogna disporre però di scanner e stampante.

La procedura che ti ho illustrato adesso è quella che CRIF mette a disposizione al momento in cui sto scrivendo questa guida. Tieni presente che CRIF, come le altre centrali dei rischi finanziari, apporta continui aggiornamenti al sito per il miglioramento del servizio, pertanto potrebbe esserci qualche cambiamento nella modalità di richiesta.

In ogni caso non preoccuparti: la procedura è molto semplice e sul sito troverai tutte le informazioni che ti servono.

CTC: come procedere

Collegati al sito www.ctconline.it e, una volta entrato nella pagina principale di CTC (fig. in basso), vai alla sezione "**diritti di accesso**", che si trova in alto nella pagina.

Adesso che sei nella sezione diritti di accesso (fig. in basso), devi cliccare su “**modulo di richiesta**”.

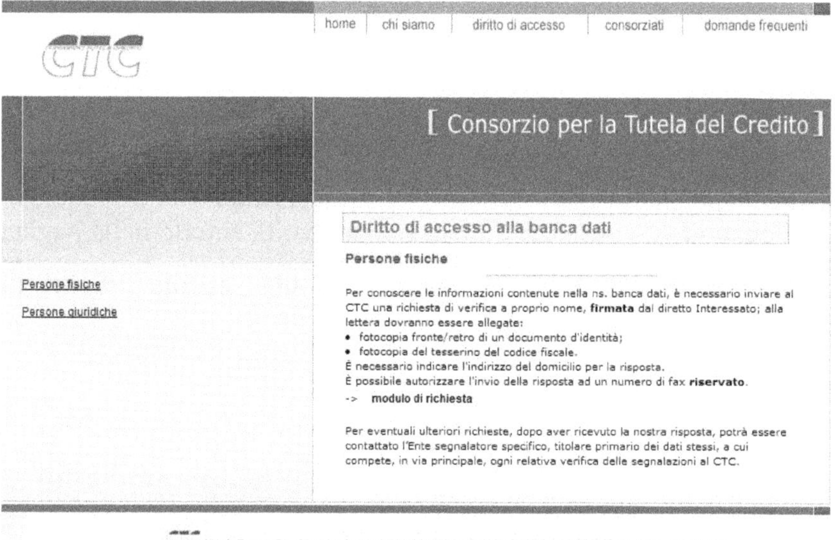

A questo punto si apre un foglio di testo (fig. in basso): compilalo a video, stampalo, firmalo e invialo in busta chiusa per posta, insieme alle fotocopie del tuo documento d’identità e del codice fiscale. CTC non consente infatti l’invio di documenti online.

COGNOME E NOME:______________________________
Via ____________________________________
Cap.________ Comune e Provincia:__________________
Numero tel. / cell: ________________________

Spett.le
CTC
Consorzio per la Tutela del Credito
Viale Tunisia n. 50
20124 MILANO
(fax 02/67479250)

data: __ __ / __ __ / __ __

Oggetto: istanza di accesso
artt. 7 d.lgs. 196/03 e 8 Codice Deontologico SIC

Il sottoscritto/a, ____________________________________

nato/a a ____

il ___ / ___ / ____ ,

chiede l'accesso ai propri dati personali eventualmente presenti nel Vs. sistema di informazioni creditizie.

Allega alla presente fotocopia di:

- CARTA DI IDENTITA' (fotocopia fronte - retro) / PATENTE,
- CODICE FISCALE.

Chiede, altresì, che la risposta venga:

- ❑ trasmessa a mezzo fax al seguente n°: ________________________;
- ❑ recapitata tramite posta all'indirizzo su indicato.
- ❑ recapitata tramite posta al seguente indirizzo:

Via: ____

Cap: __________ Comune e Provincia:____________________

Distinti saluti.

FIRMA ____________________

All.ti: c.s.

Puoi scegliere di farti inviare la risposta via fax al numero da te comunicato. Tieni presente però che con questo metodo potrebbero verificarsi inconvenienti nella ricezione: la stampa, per esempio, potrebbe essere poco leggibile, potrebbe verificarsi un problema al fax o un inceppamento della carta, il toner potrebbe essere esaurito e così via.

Per questo, anche se la risposta via fax arriva più velocemente, a mio parere è preferibile richiedere l'invio tramite posta ordinaria, che nel giro di 15 giorni ti sarà recapitata. In ogni caso decidi tu il modo migliore, in base alle tue esigenze.

SEGRETO n. 11: con CTC, se scegli l'invio della risposta via fax, a volte potrebbero verificarsi inconvenienti nella ricezione e la risposta essere poco leggibile.

EXPERIAN: come procedere

Collegati al sito www.experian.it ed entra nella pagina principale (fig. in basso). Da qui accedi alla sezione "**area consumatori**", che trovi situata nella parte superiore.

Nella sezione "area consumatori", al centro pagina, trovi il collegamento per accedere al modulo di richiesta sia per persone fisiche, sia per persone giuridiche (aziende). Il modulo che troverai riprodotto nelle pagine seguenti è quello riferito a persone fisiche.

Home Experian Servizi per il Business Area Consumatori News Lavoro Contatti Sitemap

» Area Consumatori
» Informativa
» Protocolli d'intesa

Area Consumatori

Il Servizio Tutela Consumatori di Experian

Experian, oltre a rendere disponibile un'informativa, dedicata in particolare ad illustrare il funzionamento e le caratteristiche del Sistema di Informazioni Creditizie dalla stessa gestito, ha potenziato il suo servizio di risposte ai consumatori che chiedono informazioni sui propri dati personali: i consumatori che si mettono in contatto con Experian possono godere dell'assistenza di un personale ancora più addestrato a rispondere alle loro specifiche richieste e ad aiutarli a risolvere eventuali problemi. Questo servizio fa parte della cultura di Experian in tutto il mondo, che opera rispettando le esigenze degli individui e per questo si adegua costantemente, in ogni Paese, alla legislazione vigente in materia di tutela dei dati personali.

Per agevolare e rendere più celeri le modalità di accesso dei consumatori ai propri dati personali e di riscontro, **Experian ha anche attivato un servizio telefonico automatico di risposta** al seguente numero:

199 183 538

Questo numero cosiddetto 'intelligente' permette infatti al consumatore di avere **un canale privilegiato di contatto con il Servizio Tutela Consumatori di Experian** e quindi di ottenere risposta dall'operatore in tempi più rapidi.

Il Servizio è disponibile dal lunedì al venerdì, dalle ore 9:00 alle 13:00.

I numeri 199 (sia telefono che fax) sono a pagamento Per le chiamate da rete fissa, la tariffa è pari a Euro 0.1188 + I.V.A. al minuto negli orari 8:00 - 18:30 dal lunedì al venerdì e negli orari 8:00 - 13:00 il sabato. La tariffa è di Euro 0,0465 + I.V.A. al minuto in tutti gli altri orari e per l'intera domenica. Per le chiamate da cellulare, la tariffa dipende dal Gestore Mobile cui il cellulare è collegato.

Il consumatore (o l'azienda) che voglia fare richiesta di accesso ai propri dati personali, vorrà far pervenire ad Experian:

- la richiesta di accesso, compilato e firmata, dopo averla scaricata cliccando qui per le persone fisiche o cliccando qui per le Aziende
- una fotocopia leggibile di un documento di identità
- una fotocopia leggibile del codice fiscale

inoltrando tutto via fax al numero del Servizio Tutela Consumatori:

Fax 199.101.850

oppure inviandole per posta a:

Experian Information Services S.p.A.
Servizio Tutela Consumatori
Via Carlo Pesenti, 121
00156 Roma

Per leggere i documenti in formato pdf è possibile scaricare Acobat Reader gratuitamente dal sito Adobe

Ecco qui in basso il modulo di richiesta per le persone fisiche:

Data........

Spett.le

Experian Information Services S.p.A.
Servizio Tutela Consumatori
Via Carlo Pesenti, 121
00156 Roma

Oggetto: Istanza di accesso ex art. 7 e segg. D. Lgs. 196/2003

Il/La sottoscritto/a ....

Nato/a...Provincia....................CAP..................................

Il .../.../......... Codice fiscale...
Residente (domiciliato/a) in...Provincia....CAP.......................
In via...n°.........................
Telefono (facoltativo)..
Fax (facoltativo) ....

Chiede alla Experian Information Services S.p.A. l'accesso ai propri dati personali.

A tal fine allega:

- copia leggibile di un documento d'identità
- copia leggibile del codice fiscale

Firma dell'interessato

EXPERIAN non permette di compilare a video il modulo, pertanto dovrai prima stamparlo, poi compilarlo, firmarlo e inviarlo in busta chiusa, insieme alle fotocopie del documento e del codice fiscale, tramite posta all'indirizzo indicato. EXPERIAN, come CTC, non consente l'invio online. I tempi per ricevere la risposta sono di circa 15 giorni.

Le richieste di accesso ai dati per le visure possono essere eseguite, per le tre centrali dei rischi finanziari, a distanza di non meno di 90 giorni l'una dall'altra. Pertanto se hai necessità di un'altra visura, devi attendere almeno 3 mesi da quando hai richiesto la precedente.

Conti alla mano, vediamo quanto si spende per fare queste visure. Ipotizziamo che tu scelga per tutte e tre le centrali l'invio tramite posta ordinaria, che è, si fa per dire, il più costoso. Ipotizziamo anche che non possieda una fotocopiatrice. Tralasciando, ovviamente, il contributo di 10 euro, richiesto in modo facoltativo da CRIF, le tue uniche spese saranno:

6 fotocopie – 6 × € 0,10 = € 0,60

3 buste da lettera – 3 × € 0,10 = € 0,30

3 francobolli per posta prioritaria – 3 × € 0,60 = € 1,80

Totale = € 2,70 (circa)

Ovviamente questi calcoli sono fatti in base ai prezzi correnti al momento di scrivere questa guida, ma capisci benissimo che, anche se dovessero risultare differenti, si aggireranno sempre intorno a cifre molto basse.

Inoltre, sai che hai addirittura la possibilità di eliminare anche questi pochissimi spiccioli di spesa. Infatti, avendo la possibilità di avere accesso a una stampante, una fotocopiatrice e uno scanner, la tua spesa si ridurrebbe a:

2 buste da lettera – 2 × € 0,10 = € 0,20

2 francobolli per posta prioritaria – 2 × € 0,60 = € 1,20

Totale = € 1,40 (circa)

Come vedi, la spesa diventa vicinissima allo zero, mentre affidarti a un'azienda esterna potrebbe costarti anche fino a 1.000 euro. C'è una bella differenza, non credi? Già con queste prime informazioni, ti sei quindi largamente ripagato del costo di questo ebook. Di seguito troverai altre indicazioni che aumenteranno notevolmente la tua conoscenza in questo settore e il valore di questa guida, riducendo di moltissimo il costo che avresti dovuto affrontare se ti fossi rivolto ad aziende esterne.

Come fare richiesta di accesso ai dati nella centrale dei rischi finanziari pubblica

Fare una visura della propria situazione nella centrale dei rischi finanziari pubblica è molto semplice. Basta recarsi in una filiale della Banca d'Italia, muniti di documento d'identità e codice fiscale, e richiedere l'apposito modulo. In alternativa, è possibile scaricare lo stesso modulo dal sito internet www.bancaditalia.it

In questo sito internet si trovano anche, nella sezione "**Elenco filiali regione**", gli indirizzi di tutte le filiali della Banca d'Italia divisi per regione. Un elenco molto utile per conoscere gli indirizzi delle filiali dove potersi recare personalmente.

Una volta aperta la schermata della pagina principale del sito (fig. seguente), bisogna individuare il menu che si trova nella parte alta della homepage e cliccare su "**Servizi al pubblico**".

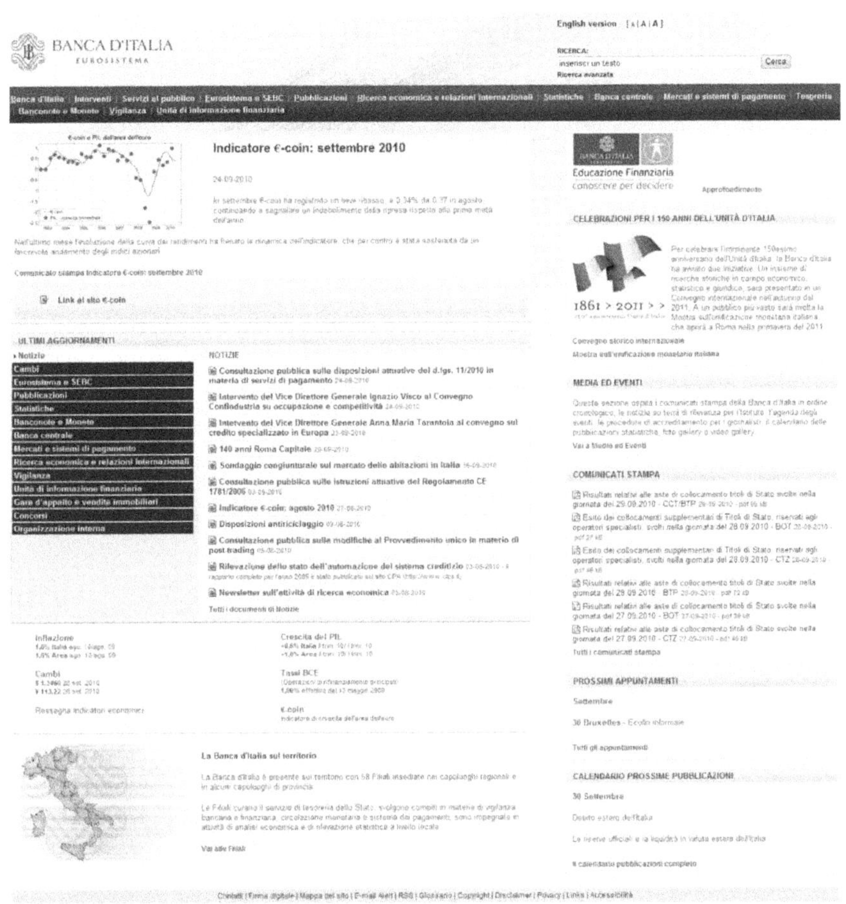
BANCA D'ITALIA
EUROSISTEMA
English version
Cerca
Indicatore €-coin: settembre 2010
Link al sito €-coin
Educazione Finanziaria
conoscere per decidere
CELEBRAZIONI PER I 150 ANNI DELL'UNITÀ D'ITALIA
1861 > 2011 > >
ULTIMI AGGIORNAMENTI
Notizie
Cambi
Eurosistema e SEBC
Pubblicazioni
Statistiche
Banconote e Monete
Banca centrale
Mercati e sistemi di pagamento
Ricerca economica e relazioni internazionali
Vigilanza
Unità di informazione finanziaria
Gare d'appalto e vendite immobiliari
Concorsi
Organizzazione interna
NOTIZIE
140 anni Roma Capitale
Disposizioni antiriciclaggio
MEDIA ED EVENTI
COMUNICATI STAMPA
PROSSIMI APPUNTAMENTI
CALENDARIO PROSSIME PUBBLICAZIONI
Inflazione
Crescita del PIL
Cambi
Tassi BCE
€-coin
La Banca d'Italia sul territorio

Questa è la sezione "Servizi al pubblico" (fig. in basso). Nel menu di destra clicchiamo su "**Servizi resi dalle filiali**".

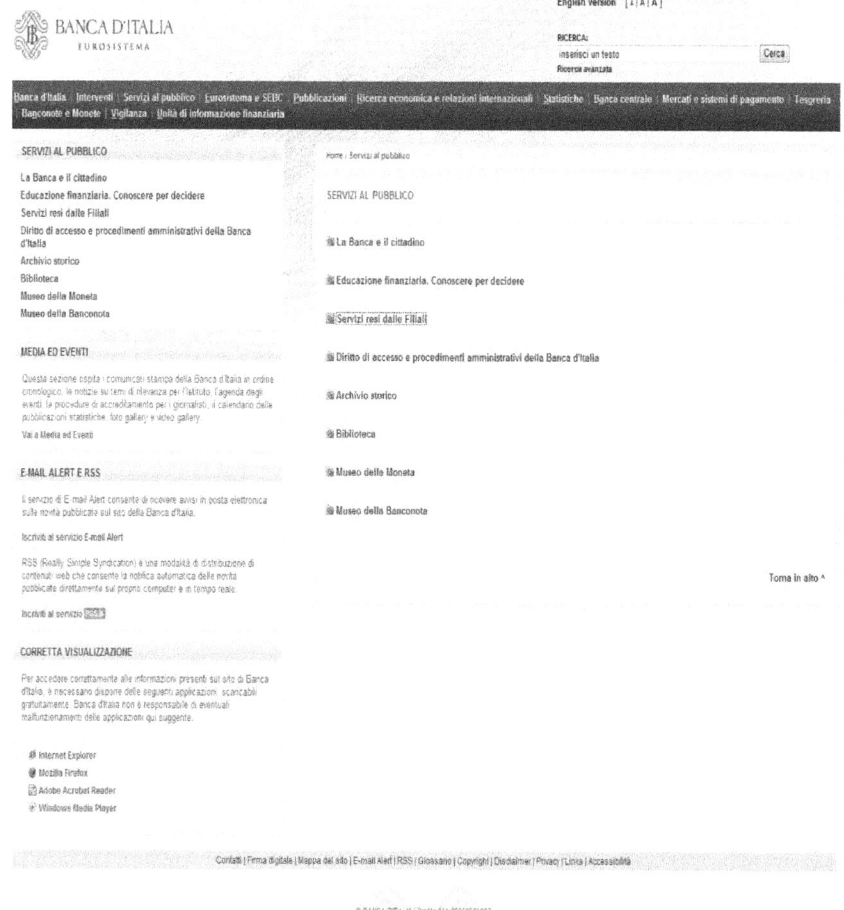

Adesso siamo nella sezione "Servizi resi dalle filiali" (fig. in basso). Da qui scorriamo in basso fino a trovare il link al "**Servizio di accesso ai dati della Centrale dei rischi**".

English version

BANCA D'ITALIA
EUROSISTEMA

RICERCA:
Cerca
Ricerca avanzata

Banca d'Italia | Interventi | Servizi al pubblico | Eurosistema e SEBC | Pubblicazioni | Ricerca economica e relazioni internazionali | Statistiche | Banca centrale | Mercati e sistemi di pagamento | Tesoreria | Banconote e Monete | Vigilanza | Unità di informazione finanziaria

SERVIZI AL PUBBLICO

La Banca e il cittadino
Educazione finanziaria. Conoscere per decidere
Materiale didattico-informativo
Servizi resi dalle Filiali

SERVIZI RESI DALLE FILIALI

Guida "I servizi al cittadino"

Tesoreria dello Stato

Pagamento ed emissione dei vaglia cambiari

Cambio delle banconote e delle monete

Banconote sospette di falsità

Informazioni sui dati della Centrale di allarme interbancaria

Servizio di accesso ai dati della Centrale dei rischi

Esposti in materia di servizi bancari e finanziari

Consultazione di documenti storici

Orientamento in materia di accesso alla Biblioteca della Banca d'Italia

Deposito

Ricorso all'Arbitro Bancario Finanziario (ABF)

Elenco filiali per regione

Domande frequenti

Questa è la sezione "Servizio di accesso ai dati della centrale dei rischi" (fig. in basso).

In questa pagina, in basso, troviamo tutti i moduli che possiamo scaricare. Ecco l'elenco:

- *Modulo di richiesta – Persone fisiche*;
- *Delega al ritiro dei dati – Persone fisiche*;
- *Modulo di richiesta – Persone giuridiche*;
- *Delega al ritiro dei dati – Persone giuridiche*;
- *Modulo di dichiarazione sostitutiva di certificazione;*
- *Foglio informativo*: qui trovi tutte le informazioni sul funzionamento della centrale dei rischi.

Per il nostro esempio, abbiamo prelevato il modello "**Modulo di richiesta – Persone fisiche**" (vedi fig. nella pagina seguente). Riguardo a questo modulo, è importante aggiungere alcune informazioni sulle opzioni offerte. Per fare una richiesta la più adeguata possibile alle tue esigenze, devi fare attenzione alla voce "periodo di interesse". Le opzioni offerte, come puoi vedere, sono: "ultime dodici rilevazioni" e "altro".

La prima opzione è riferita, ovviamente, agli ultimi 12 mesi rilevati, mentre la seconda consente di inserire periodi inferiori o superiori. Si può, infatti, fare richiesta di visura anche per diversi anni precedenti. Devi tenere presente che le banche di solito consultano gli ultimi 12 mesi, ma, volendo, possono andare anche più indietro nel tempo, mai, però, superando i 36 mesi.

Allegato F1

Spett. le **Banca d'Italia**
Filiale di ....

Istanza di accesso ai dati personali
presenti nell'archivio della Centrale dei rischi della Banca d'Italia
(art. 38, D.P.R. 28 dicembre 2000, n. 445)

_l_sottoscritt_______________________________________[1], codice fiscale______________________, nat_ il ______________________, a ______________________, provincia di (o stato estero) ____________, sigla (______).

chiede

di conoscere i dati presenti a suo nome nell'archivio della Centrale dei rischi della Banca d'Italia.

A tal fine, indica:
(barrare solo le caselle che interessano)

Periodo di interesse:

- ☐ ultime dodici rilevazioni
- ☐ altro ______________________________

Desidera ricevere i dati richiesti:

- ☐ su carta [2]
- ☐ su cd
- ☐ a mezzo posta elettronica certificata (P.E.C.)

Allega:

- ☐ copia fotostatica non autenticata di un documento di riconoscimento in corso di validità
- ☐ copia fotostatica del codice fiscale
- ☐ dichiarazioni sostitutive

[1] Nome e cognome per esteso.
[2] Se il numero di pagine del prospetto è cospicuo, i dati saranno forniti su cd.

☐ delega per il ritiro dei dati

Indica:

☐ recapito telefonico per eventuali comunicazioni:______________________________
☐ indirizzo al quale desidera ricevere i dati a mezzo posta :

Via/Piazza______________________________Comune________________Provincia
_________________Codice postale _________________________

☐ indirizzo di posta elettronica certificata (P.E.C.)______________________________

oppure

☐ Filiale della Banca d'Italia presso la quale desidera ritirare i dati: ______________

Eventuali ulteriori comunicazioni e/o precisazioni:

L'interessato è informato che:

- l'accesso ai dati presenti nell'archivio della Centrale dei rischi è gratuito;
- gli intermediari segnalanti sono responsabili della correttezza delle segnalazioni trasmesse alla Centrale dei rischi; la Banca d'Italia non può apportare di propria iniziativa variazioni alle segnalazioni ricevute;
- per la correzione dei dati inesatti, deve contattare direttamente l'intermediario segnalante.

……………….., ……………….. ……………………………………
(Luogo e data) (Firma dell'interessato) [3]

[3] Leggibile e per esteso.

Scaricato il modulo di richiesta, devi compilarlo, firmarlo, e inviarlo per posta o via fax alla filiale di zona della Banca d'Italia, insieme alla fotocopia di un documento d'identità in corso di validità e alla fotocopia del codice fiscale. In alternativa, puoi portare di persona tutta la documentazione. Per il ritiro, puoi incaricare anche un'altra persona. In questo caso devi compilare anche il modulo di delega che trovi sul sito internet o che puoi richiedere in filiale. La richiesta di accesso ai dati è gratuita.

Tieni presente che la Banca d'Italia apporta continui aggiornamenti al sito per il miglioramento del servizio, pertanto al momento della tua richiesta potrebbe esserci qualche cambiamento nelle modalità di richiesta. Ma non preoccuparti: la procedura rimarrà sostanzialmente questa che ti ho appena descritto.

SEGRETO n. 12: per richiedere l'accesso ai dati nella centrale dei rischi finanziari pubblica è consigliabile andare di persona in una filiale della Banca d'Italia, in modo da velocizzare al massimo la procedura.

RIEPILOGO DEL GIORNO 2:

- SEGRETO n. 8: è sempre consigliato verificare la propria situazione creditizia nelle banche dati, prima di procedere con una richiesta di finanziamento.
- SEGRETO n. 9: per richiedere una visura nelle centrali dei rischi finanziari, devi presentare la fotocopia di un documento d'identità valido e del codice fiscale. Queste fotocopie devono essere il più leggibile possibile.
- SEGRETO n. 10: per quanto riguarda CRIF, l'invio online è quello consigliato per avere una risposta in tempi ancora più brevi. Bisogna disporre però di scanner e stampante.
- SEGRETO n. 11: con CTC, se scegli l'invio della risposta via fax, a volte potrebbero verificarsi inconvenienti nella ricezione e la risposta essere poco leggibile.
- SEGRETO n. 12: per richiedere l'accesso ai dati nella centrale dei rischi finanziari pubblica è consigliabile andare di persona in una filiale della Banca d'Italia, in modo da velocizzare al massimo la procedura.

GIORNO 3:
Come leggere e cancellare segnalazioni

Come leggere le risposte delle centrali dei rischi finanziari private

Sono passati i fatidici 15 giorni di attesa e abbiamo le risposte in mano. Vediamo come leggerle. Per aiutarti, ti mostrerò le varie voci che puoi trovare nella comunicazione di ogni centrale di rischio, descrivendotele una a una.

CRIF S.p.A.

Trovi, di seguito, un elenco delle voci che compongono la risposta, con le rispettive descrizioni (*fonte CRIF S.p.A.*). Ti ricordo che, per motivi di aggiornamento e miglioramento, CRIF potrebbe apportare delle variazioni. Pertanto ciò che trovi indicato di seguito si considera aggiornato al momento di scrittura di questa guida ed è in ogni caso riportato a titolo di esempio e a scopo didattico.

Coobbligato – garante: le figure che sono intervenute nel contratto.

SEGRETO n. 13: nelle visure, oltre all'intestatario, possono essere presenti anche cointestatari, coobbligati e garanti, che sono perciò interessati da un'eventuale segnalazione.

Dati contrattuali e contabili: questa sezione riporta i dati contrattuali e contabili relativi al rapporto di credito, così come sono stati da ultimo trasmessi dall'Ente Partecipante.

Aggiornati al: indica la data alla quale si riferiscono le ultime informazioni fornite dall'Ente Partecipante sul rapporto di credito. Variazioni nelle informazioni che siano intervenute successivamente a tale data potranno aggiornare i dati solo quando verranno ulteriormente comunicate dall'Ente Partecipante a CRIF; si ricorda che l'aggiornamento dei dati avviene su base mensile.

Ente Partecipante: indica l'istituto di credito che ha fornito i dati relativi ai rapporti di credito.

Tipo di rapporto di credito: indica la tipologia di finanziamento concordata con l'Ente Partecipante.

Fase del rapporto: indica se il rapporto di credito è in fase di richiesta o istruttoria ("richiesta", "istruttoria": richiesta di credito in fase di valutazione, istruttoria in corso), non perfezionato ("rifiutato": richiesta di credito non approvata da parte dell'Ente Partecipante; "rinunciato": richiesta di credito ritirata dal Cliente) o perfezionato ("accordato": rapporto di credito in essere; "estinto": rapporto di credito già concluso).

Data inizio rapporto: indica la data di inizio del rapporto di credito.

Data fine rapporto: indica la data prevista di chiusura del rapporto di credito. Fino a quando il rapporto di credito non viene effettivamente chiuso (fase: "estinto"), viene riportata la data di chiusura prevista originariamente dal contratto di finanziamento.

Importo capitale in euro: indica l'importo complessivo del credito richiesto; tale voce è presente solo nei rapporti di credito non perfezionati (“richiesta”, “istruttoria”, “rifiutato”, “rinunciato”).

Periodicità rimborsi: indica la periodicità di scadenza dei pagamenti previsti dal piano di rimborso del rapporto di credito.

Numero totale rate: indica il numero di rate previste dal contratto di finanziamento per il rimborso del credito.

Importo rata mensilizzata: indica il valore della rata media mensile, ottenuto dal rapporto tra l’importo totale delle rate di rimborso e il numero totale dei mesi di rimborso. Tale rata pertanto non coincide necessariamente con l’importo rata in scadenza.

Importo rata in scadenza: indica l’importo della rata da rimborsare successivamente alla data di ultimo aggiornamento.

Numero rate residue: indica il numero di rate la cui scadenza di pagamento è successiva alla data di ultimo aggiornamento.

Importo residuo in euro: indica l'importo totale delle rate residue ed è comprensivo degli interessi stabiliti sul contratto di finanziamento.

Numero rate scadute: indica il numero di rate la cui scadenza di pagamento è precedente alla data di ultimo aggiornamento. Pertanto indica il numero delle rate che risultano non pagate alla data di ultimo aggiornamento.

Importo scaduto in euro: indica l'importo totale delle rate scadute.

Stato attuale del rapporto: indica lo stato del rapporto di credito alla data di ultimo aggiornamento. Qualora non vi sia alcuna segnalazione, questa voce viene valorizzata con un trattino. Si riporta di seguito l'elenco dei codici di stato:
A: pagamento con acconti;
C: credito ceduto (attenzione: in caso di credito ceduto ancora NON regolarizzato, La invitiamo ad inviarci l'eventuale liberatoria a dimostrazione dell'avvenuta regolarizzazione effettuata presso la società cessionaria, poiché l'Ente che ha

originariamente concesso il credito non è in grado di fornire a CRIF ulteriori aggiornamenti in tal senso);

D: disguidi nei pagamenti;

F: richiesta di fallimento;

G: pignoramento in corso;

H: decreto ingiuntivo;

I: incaglio nei pagamenti;

M: cliente deceduto;

N: cliente irreperibile;

P: passato a perdita;

S: sofferenza;

U: rientro in bonis, regolarizzazione;

W: accollo di credito.

Informazioni complessive sull'intero rapporto di credito: questa sezione fornisce informazioni di riepilogo sull'andamento dei rimborsi dall'inizio del rapporto.

Numero massimo di rate con ritardo: indica il numero massimo di rate pagate con ritardo nel corso dell'intero rapporto di credito. Quando il numero massimo di rate pagate con ritardo è pari o inferiore a 2, l'informazione relativa ai ritardi stessi verrà conservata per 12 mesi dalla data di regolarizzazione (si veda la voce "mese dal quale i pagamenti sono risultati regolari"). Quando il numero massimo di rate pagate con ritardo è pari o superiore a 3, l'informazione relativa al ritardo stesso verrà mantenuta per 24 mesi dalla data di regolarizzazione (si veda la voce "mese dal quale i pagamenti sono risultati regolari").

Peggior stato del rapporto: indica qual è stata la segnalazione di stato più grave registrata nel corso dell'intero rapporto di credito. Qualora non vi sia alcuna segnalazione, questa voce viene valorizzata con un trattino. Per la definizione di tale dato si prega di fare riferimento alla voce "stato attuale del rapporto" nella sezione "dati contrattuali".

Mese dal quale i pagamenti sono risultati regolari: quando presente, questa voce indica che gli eventuali ritardi di pagamento registrati nel corso del rapporto di credito sono stati regolarizzati e a partire da quale mese i pagamenti sono sempre risultati regolari. Questa data serve anche a calcolare per quanti mesi verrà conservata l'informazione relativa ai ritardi di pagamento (12 o

24 mesi, a seconda di quale sia stato il numero massimo di ritardi: si veda per questo la voce "numero massimo di rate con ritardo").

Presenti ritardi non regolarizzati alla data di ultimo aggiornamento: quando presente, questa voce indica che gli eventuali ritardi di pagamento registrati nel corso del rapporto di credito non sono stati completamente regolarizzati.

Inoltre possono essere presenti informazioni da Tribunali e Registri Immobiliari. Le voci principali sono:

Tipologia atto: indica il codice, la categoria e la descrizione del tipo di atto registrato.

Anagrafiche contro: indica i dati anagrafici dei soggetti a carico dei quali è stato iscritto l'atto.

Se presenti atti da Tribunale le voci sono:

Data/ora udienza: indice il giorno e l'ora di verifica dello stato passivo.

Curatore: indica il nome del curatore fallimentare.

Giudice: indica il nome del Giudice che ha emanato l'atto.

Se presenti atti da Registri Immobiliari le voci sono:

Anagrafica a favore: indica i dati anagrafici del soggetto a favore del quale è stato iscritto l'atto.

Importo totale: indica il valore totale, con l'indicazione della valuta e del bene colpito dall'atto.

Comune dei beni: indica il luogo nel quale si trovano i beni colpiti dall'atto.

Come vedi, l'elenco è molto ricco e dettagliato e, per ogni operazione finanziaria, troverai le voci raggruppate sotto un numero progressivo. Alcune delle voci, in base alla presenza di segnalazioni, possono essere inserite o no. Pertanto, per illustrarti il tutto in maniera più semplice possibile, ho raggruppato, classificandoli, tutti i vari casi che potrebbero verificarsi, inserendo le voci interessate, ossia: dati non presenti nel sistema, assenza di segnalazioni o pagamenti puntuali, fase del rapporto, segnalazioni per ritardi di pagamenti.

Dati non presenti nel sistema. Nel caso non fossero presenti nel sistema dati riferiti al tuo nome, nella risposta troverai semplicemente una dicitura del tipo: «la informiamo che il suo nominativo non risulta essere presente nella banca dati EURISC e/o Informazioni da Tribunali e Registri Immobiliari».

Assenza di segnalazioni o pagamenti in ritardo. Per verificare l'assenza di segnalazioni, andiamo a leggere le voci "numero rate scadute" e "importo scaduto in euro", che, in questo caso, dovrebbero essere pari a zero.

Controlliamo che la voce "stato attuale del rapporto" contenga un trattino e che, nella sezione "informazioni complessive sull'intero rapporto di credito", la voce "numero massimo di rate in ritardo" sia uguale a zero, "peggior stato del rapporto" contenga un trattino e infine che la voce "presenti ritardi non regolarizzati alla data di ultimo aggiornamento" non sia visibile.

Fase del rapporto. In questa voce possiamo verificare lo stato del rapporto, ossia a che punto si trova la nostra richiesta di finanziamento: “richiesta”, “istruttoria”, “rifiutato”, “rinunciato”, “accordato”.

Segnalazioni per ritardo di pagamenti. Per verificare la presenza di segnalazioni e il loro stato, le voci “numero rate scadute” e “importo scaduto in euro” indicano rispettivamente il numero di rate in ritardo e l’importo.

Inoltre, nella sezione “informazioni complessive sull’intero rapporto di credito”, la voce “numero massimo delle rate con ritardo” indica il numero di rate in ritardo. Nella voce “peggior stato del rapporto”, troviamo una lettera che rappresenta lo stato del rapporto, come descritto precedentemente.

La voce “mese dal quale i pagamenti sono risultati regolari” è importante per sapere per quanti mesi sarà conservata l’informazione relativa alla segnalazione.

CTC

Di seguito sono elencate le voci che compongono la risposta con le rispettive descrizioni (*fonte CTC, consorzio per le tutela del credito*). Ti ricordo che, per motivi di aggiornamento e miglioramento, CTC potrebbe apportare variazioni, pertanto questo elenco è aggiornato al momento in cui scrivo questa guida.

Anagrafica: nominativo/ragione sociale, data e luogo di nascita, codice fiscale/partira IVA e indirizzo dell'interessato intestatario del contratto di finanziamento.

Ente segnalatore: riferimenti del Partecipante.

Identificativo contratto: codice che identifica il contratto segnalato.

Tipo finanziamento: a termine, revolving a rientro mensile, revolving con pagamento a saldo.

Importo finanziamento: importo del finanziamento (erogato in c/capitale). In caso di revolving a rientro mensile, questa voce indica l'importo ancora da rimborsare alla data della segnalazione.

Scaduto impagato: importo contenziosità (aggiornamento mensile dell'ammontare delle rate impagate).

Linea fido: ammontare della linea di fido (solo per revolving mensile).

Data contratto: data di perfezionamento del contratto di finanziamento.

Data decorrenza: data di decorrenza del piano di rimborso.

Data scadenza contratto: data di scadenza contrattuale del rapporto:

- in caso di finanziamento a termine, è la data di scadenza (originaria o prorogata) del piano di rientro;
- in caso di revolving mensile, è la data di scadenza del piano di rientro calcolato (al momento dell'ingresso della segnalazione in banca dati) suddividendo l'ammontare

omnicomprensivo del residuo debito per l'importo minimo di versamento mensile previsto in contratto;

- per le revolving a saldo (può riguardare una tipologia delle carte di credito), è la data di scadenza del pagamento.

Numero rate: numero di rate previste per il rimborso del finanziamento.

Tipo rata: fissa o variabile.

Importo rata: importo della rata (fissa).

Data primi ritardi: data di maturazione dei presupposti della segnalazione.

Data segnalazione: data di segnalazione nella banca dati.

Data regolarizzazione: data di estinzione degli adempimenti.

Data perdita: data di passaggio a perdita.

Data cessione: data di cessione a terzi.

Status: situazione del rapporto contrattuale. Ecco tutte le possibili casistiche:

- ritardi regolarizzati – finanziamento in corso/aperto;
- ritardi regolarizzati – finanziamento chiuso;
- ritardi regolarizzati con transazione a saldo a stralcio;
- ritardi non regolarizzati;
- finanziamento cessato e passato a perdita;
- cessione a seguito di ritardi non regolarizzati.

Data status: data dall'ultima variazione del campo status.

Nota contestazione (in caso di richiesta di annotazione da parte dell'interessato):

- firma apocrifa;
- mancata consegna del bene/erogazione del servizio;
- idoneità del bene/servizio;
- altro.

Data contestazione: data di inserimento del codice contestazione.

Data approfondimenti: data di ricezione della richiesta dell'interessato (in caso di approfondimenti).

Queste sono le voci che trovi nella visura di CTC. Essendo questa una banca dati dove sono presenti solo dati negativi, in caso di assenza di segnalazioni troverai solo una dicitura del tipo: «in seguito alle verifiche effettuate comunichiamo che non risultano segnalazioni nella nostra banca dati».

Per quanto riguarda le segnalazioni, alla voce "scaduto impagato" troviamo l'ammontare delle rate non pagate; alle voci "data primi ritardi" e "data segnalazione" sono indicate rispettivamente la data del ritardo e quella della segnalazione. La voce "data regolarizzazione" riporta la data di pagamento delle rate in ritardo: a questa dobbiamo fare riferimento per controllare i tempi di conservazione della segnalazione.

EXPERIAN

Di seguito sono elencate le voci che compongono la risposta con le rispettive descrizioni (*fonte EXPERIAN Information Services S.p.A.*). Ti ricordo che, per motivi di aggiornamento e miglioramento, EXPERIAN potrebbe apportare variazioni, pertanto ciò che trovi di seguito è aggiornato al momento in cui scrivo questa guida. In ogni caso il tutto è riportato a titolo di esempio e a scopo didattico.

Rapporti di credito: è indicato il tipo di finanziamento e chi l'ha richiesto.

Presso: indica l'istituto finanziario che ha concesso il finanziamento.

Importo: è l'importo accordato del finanziamento.

Data accensione: indica la data d'inizio del finanziamento.

Data estinzione: indica la data di fine del finanziamento.

Data dbt/legale: è la data di dbt/legale.

Saldo: indica il saldo dovuto e la data di aggiornamento.

Scaduto non pagato: è l'importo complessivo delle rate non pagate.

Saldo dbt/legale iniziale: indica il saldo dbt/legale iniziale.

Saldo dbt/legale: indica il saldo dbt/ legale.

Importo rata: indica l'importo della rata per il numero di rate complessive.

Situazione pagamenti: indica lo stato dei pagamenti.

Metodo di pagamento: indica il metodo di pagamento, con bollettini postali o RID addebito in conto corrente.

Numero di contratto: indica il numero del contratto stipulato con l'istituto finanziario.

Le voci "data dbt/legale", "scaduto non pagato", "saldo dbt/legale iniziale" e "saldo dbt/legale" indicano la situazione dei pagamenti. In caso di segnalazioni, la voce più importante è "situazione pagamenti", che è composta da una serie di numeri che vanno letti da destra verso sinistra. Il primo numero a sinistra è l'ultimo aggiornamento fatto dalla banca o dalla finanziaria.

Uno "0" indica la regolarità di pagamento, mentre i valori da "1" a "6" indicano il numero di rate in ritardo (anche se il numero di rate in ritardo supera questo valore, in ogni caso viene indicato "6").

Il valore "8" indica intervenuta decadenza dal beneficio di termini, passaggio della pratica al legale, cessione del credito, passaggio a perdita del credito .

Come leggere la risposta della centrale dei rischi finanziari pubblica

Leggere una visura della centrale dei rischi finanziari della Banca d'Italia è semplicissimo. In essa sono riportati lo stato dei pagamenti nel periodo di rilevazione che hai richiesto, diviso mese per mese. Pertanto a colpo d'occhio si riesce subito a individuare un'eventuale segnalazione.

Come cancellare le segnalazioni nelle centrali dei rischi finanziari private

Per procedere con la cancellazione e/o la modifica dei dati nei sistemi d'informazione creditizia, la cosa più semplice e immediata da fare è andare direttamente dalla banca o dalla finanziaria che ha concesso il finanziamento. Per avanzare questo genere di richiesta, comunque, bisogna chiaramente che siano decorsi i termini di conservazione.

SEGRETO n. 14: il modo più semplice e immediato per chiedere la cancellazione di segnalazioni, dopo che sono trascorsi i tempi di conservazione, è quello di recarsi presso l'istituto finanziario che ha concesso il finanziamento.

In questo modo si evita un passaggio. Se infatti la richiesta viene avanzata tramite una delle centrali dei rischi finanziari, questa a sua volta deve rivolgersi l'istituto finanziario chiedendogli di aggiornare i dati per la cancellazione.

Purtroppo però, il più delle volte la situazione non è così chiara. Magari si ha avuto più di un prestito e non ci si ricorda qual è l'istituto finanziatore, oppure si è comprato un telefonino a rate e si è perso il contratto, o ancora la sede dell'istituto è distante dalla nostra residenza. Insomma, possono verificarsi tante situazioni che rendano impossibile recarsi di persona all'istituto finanziario per chiedere la cancellazione e/o la modifica dei nostri dati.

Se però non hai problemi di questo tipo, recati tranquillamente presso il tuo istituto finanziario, che sia una banca o una finanziaria, e chiedi la cancellazione delle tue segnalazioni. **Ricorda: è un tuo diritto.**

SEGRETO n. 15: è un tuo diritto chiedere la cancellazione di segnalazioni che, decorsi i tempi di permanenza, siano ancora presenti.

Se invece decidi di rivolgerti alle centrali dei rischi finanziari, per prima cosa devi chiedere l'accesso ai tuoi dati nel sistema, come abbiamo visto in precedenza. Questa è una soluzione che io consiglio sempre, perché in questo modo si ha una visione chiara e completa della situazione.

Dopo avere richiesto le visure nelle varie centrali dei rischi finanziari e dopo aver visualizzato la tua situazione, puoi procedere alla cancellazione delle segnalazioni, se sono decorsi i termini e queste sono ancora presenti nel sistema, o chiedere la modifica dei tuoi dati, se sono inesatti.

Per ottenere la cancellazione delle segnalazioni, come disposto dal Garante della Privacy, basta inviare una lettera di richiesta. Insieme alla lettera, è consigliabile inviare anche la visura dove è presente la segnalazione, facendo riferimento a quella da cancellare.

In ogni caso, se hai fatto richiesta di accesso ai dati, difficilmente troverai segnalazioni inserite nel sistema dopo che sono decorsi i termini di permanenza. Questo non solo perché, come sai, le centrali dei rischi finanziari devono attenersi a quanto stabilito dal Garante della Privacy, ma anche perché, pure se ci fossero dei dati non aggiornati, li aggiornerebbero prima di risponderti.

Come si vede, eseguire una visura nelle centrali dei rischi finanziari ha un doppio effetto positivo: non solo verifichi la tua situazione, ma automaticamente è come se chiedessi anche una cancellazione delle segnalazioni la cui permanenza nel sistema non è più pertinente.

SEGRETO n. 16: fare una visura nelle centrali dei rischi finanziari ha un doppio effetto favorevole, perché, se dovessero esserci dati non aggiornati, la centrale dei rischi finanziari li aggiornerebbe immediatamente.

Ovviamente nella risposta potrai trovare delle segnalazioni che non è ancora possibile cancellare. In ogni caso adesso sai come controllare e come leggere la visura. Se dovessi trovare un'anomalia, richiedi subito la cancellazione.

Come cancellare le segnalazioni nella centrale dei rischi finanziari pubblica

Per la centrale dei rischi finanziari pubblica non parliamo di una vera e propria cancellazione della segnalazione: dopo un periodo di rilevazioni, semplicemente non è più visibile. Mi spiego meglio: le banche, di solito, consultano gli ultimi 12 mesi di rilevazione, ma, volendo, possono andare anche più indietro, mai, però, superando i 36 mesi. Dopo questi 36 mesi, pertanto, la segnalazione non è più visualizzabile dall'istituto. Quindi è come se non esistesse più, anche se in realtà non è così.

Generalmente la maggior parte degli istituti finanziari consulta solo gli ultimi 12 mesi di rilevazione. Per una nuova richiesta di finanziamento puoi dunque basarti su questo criterio. Chiaramente, se vuoi la certezza assoluta che la segnalazione non venga più visualizzata, devi aspettare 36 mesi.

SEGRETO n. 17: la maggior parte degli istituti finanziari consulta di solito solo gli ultimi 12 mesi di rilevazione, pertanto potrebbe essere sufficiente questo periodo perché la segnalazione non sia più visualizzata.

RIEPILOGO DEL GIORNO 3:

- SEGRETO n. 13: nelle visure, oltre all'intestatario, possono essere presenti anche cointestatari, coobbligati e garanti, che sono perciò interessati da un'eventuale segnalazione.
- SEGRETO n. 14: il modo più semplice e immediato per chiedere la cancellazione di segnalazioni, dopo che sono trascorsi i tempi di conservazione, è quello di recarsi presso l'istituto finanziario che ha concesso il finanziamento.
- SEGRETO n. 15: è un tuo diritto chiedere la cancellazione di segnalazioni che, decorsi i tempi di permanenza, siano ancora presenti.
- SEGRETO n. 16: fare una visura nelle centrali dei rischi finanziari ha un doppio effetto favorevole, perché, se dovessero esserci dati non aggiornati, la centrale dei rischi finanziari li aggiornerebbe immediatamente.
- SEGRETO n. 17: la maggior parte degli istituti finanziari consulta di solito solo gli ultimi 12 mesi di rilevazione, pertanto potrebbe essere sufficiente questo periodo perché la segnalazione non sia più visualizzata.

GIORNO 4:
Come fare visura e cancellazione del protesto

Che differenza c'è tra segnalazione e protesto

Spesso capita di fare molta confusione tra segnalazione e protesto. In caso di richiesta di finanziamento, il protesto (che non ha nulla a che vedere con le segnalazioni) è la cosa che gli istituti accertano per prima. È importante quindi imparare a conoscerlo. Anche perché, nell'eventualità dovessi trovarti in questa situazione, per la visura e la cancellazione dei protesti le aziende chiedono come compenso cifre molto più alte che per le segnalazioni.

La segnalazione avviene, come ti ho spiegato in precedenza, per il ritardo o il mancato pagamento di una o più rate di finanziamento: un prestito personale, un fido in conto corrente, una carta di credito, un mutuo, un qualsiasi finanziamento per acquistare a rate un bene o un servizio.

Il protesto invece è il mancato pagamento di assegni per insufficienza di fondi sul conto corrente o il ritardo nel pagamento di cambiali. Viene levato dal notaio, dopo di che si viene iscritti nel **Registro informatico dei protesti** o **Bollettino dei protesti**, tenuto dalla Camera di commercio di zona. Le centrali dei rischi finanziari non detengono assolutamente dati che si riferiscono a protesti, né per assegni né per cambiali.

SEGRETO n. 18: le centrali dei rischi finanziari non detengono dati di protesti per assegni o cambiali. Questi sono presenti nel Registro informatico dei protesti o Bollettino dei protesti, tenuto dalla Camera di commercio di zona.

Gli ufficiali incaricati, ogni fine mese, devono comunicare l'elenco dei protesti levati durante il mese alle Camere di commercio, che sono incaricate di inserire i protesti nell'apposito elenco e provvedere alla loro pubblicazione. L'albo protesti può essere infatti consultato liberamente da tutti.

Se dovessi trovarti in una circostanza del genere, la cosa che ti consiglio vivamente di fare è di andare velocemente in banca a parlare con il direttore, spiegandogli i motivi della mancanza di fondi nel tuo conto corrente. In questo modo potrai forse convincerlo a concederti il tempo necessario per coprire le somme mancanti. Anche se la nuova normativa riguardante le emissioni di assegni è diventata più rigida che in passato, se sei conosciuto in banca, puoi chiedere che ti sia concesso un po' di tempo.

Chiaramente parliamo di tempi strettissimi, che però possono esserti sufficienti per evitare di essere protestato. Che sia ben chiaro però: questo è un favore che il tuo istituto bancario potrà decidere di farti o meno. Non è un tuo diritto. Se però dovessi riuscire a ottenerlo, questo ti eviterebbe grossi grattacapi, perché il protesto è un'altra delle cause che possono determinare il rifiuto di una richiesta di finanziamento.

SEGRETO n. 19: il protesto è una delle maggiori cause che possono determinare il rifiuto di una richiesta di finanziamento.

Anche se l'assegno è già stato inviato al notaio, non devi ancora perdere le speranze: l'assegno infatti può essere richiamato. A questo punto, potrai versare la somma necessaria sul tuo conto corrente e pagarlo, chiaramente gravato delle spese del notaio, che comunque, di solito, non sono eccessive. Tengo a ricordarti che queste sono situazioni limite, che non rientrano nei tuoi diritti ma dipendono dalla flessibilità e comprensione della tua banca.

Purtroppo quando si ritarda il pagamento di una cambiale, anche di un solo giorno, c'è poco da fare. Di solito viene inviata direttamente al notaio, che dovrà provvedere a levare il protesto. Puoi sempre fare un tentativo come quello che ti ho indicato per l'assegno, anche se di solito le banche non lo concedono.

Se questi tentativi di "guadagnare tempo" falliscono o se non riesci a coprire le somme mancanti nel poco tempo che ti è stato concesso, sarà levato il protesto. A quel punto l'iscrizione nel Registro informatico dei protesti (comunemente chiamato anche Bollettino ufficiale dei protesti o Elenco protesti) sarà inevitabile.

SEGRETO n. 20: il Bollettino ufficiale dei protesti è un elenco pubblico, quindi può essere visionato liberamente da tutti.

A questo punto, qualora avessi necessità di chiedere un mutuo per acquisto casa o un prestito personale, le tue richieste saranno respinte immediatamente, perché, ancora prima di consultare i sistemi informatici creditizi, le banche e le finanziarie si accertano dell'eventuale esistenza di protesti. Come vedi, il protesto viaggia in parallelo con le segnalazioni nelle richieste di finanziamento.

Come fare una visura protesti

Per verificare l'esistenza di un protesto a tuo nome, puoi richiedere una visura o un certificato recandoti presso l'ufficio protesti della Camera di commercio della tua zona e compilando un modulo predisposto.

Il costo per questa richiesta è limitato ai diritti di segreteria vigenti al momento della richiesta. Alla Camera di commercio troverai tutte le informazioni a riguardo, ma in ogni caso, di solito, si tratta solo di pochi euro.

Se poi, per i motivi più vari, non puoi recarti personalmente alla Camera di commercio, hai comunque la possibilità richiedere la visura o il certificato online, tramite i distributori ufficiali presenti su internet. È sufficiente inserire nei motori di ricerca la frase "visura protesti" per trovare l'elenco dei vari distributori. Ogni distributore ha i propri criteri di ricerca e il proprio costo.

Il costo in questo caso potrebbe essere maggiore della richiesta fatta direttamente nella Camera di commercio perché, ovviamente, bisogna aggiungere i ricavi del distributore. In ogni caso, si tratta sempre di cifre molto basse.

Si può richiedere sia un certificato, sia una visura. Il certificato è, per così dire, una visura ridotta: vi troverai solo il nominativo e l'indicazione se il protesto è presente o no. Nella visura, invece, troverai tutte le informazioni riguardanti il protesto insieme a nome e cognome, data di nascita, luogo di nascita, domicilio ecc.

Come leggere una visura protesti

La risposta è molto veloce: a seconda del distributore che scegli, si va da un minimo di 3-4 ore a un massimo di 24-48. Leggere una visura protesti è semplicissimo. Vi sono riportati tutti i dati necessari per l'identificazione sia del nominativo, sia del protesto. Se ve n'è più d'uno, i dati sono raggruppati per singolo protesto.

Quando è possibile chiedere la cancellazione di un protesto

La cancellazione dal Registro informatico dei protesti è possibile ottenerla nei seguenti casi:

- per avvenuto pagamento del titolo;
- per illegittimità o errore del protesto;
- per avvenuta riabilitazione.

SEGRETO n. 21: la cancellazione dal Registro informatico dei protesti è possibile ottenerla solo per avvenuto pagamento del titolo, illegittimità o errore, avvenuta riabilitazione.

Per capire meglio, è necessario adesso fare una distinzione tra protesto per assegni e per cambiali.

Protesto per assegni

Se sei stato protestato per un assegno ma in seguito hai pagato sia l'importo dell'assegno, sia tutte le spese relative al protesto, devi attivare la procedura di riabilitazione. In questo caso, infatti, non è prevista la cancellazione se non dopo che sia stata approvata la riabilitazione.

La procedura di riabilitazione può essere attivata solo dopo 1 anno dalla levata del protesto e se nel frattempo non hai avuto altri protesti. Dopo che ti è stata approvata la riabilitazione, puoi richiedere la cancellazione.

Protesto per cambiale

Per quanto riguarda la cambiale bisogna distinguere 2 casi:

- pagamento delle somme dovute entro 1 anno dalla levata del protesto;
- pagamento delle somme dovute oltre 1 anno dalla levata del protesto.

Se il pagamento avviene entro 1 anno dalla levata del protesto, si può procedere direttamente alla cancellazione. Se invece il pagamento avviene dopo 1 anno dalla levata, bisogna prima richiedere la riabilitazione e in seguito la cancellazione.

Come richiedere la riabilitazione di protesti per assegni

Per richiedere la riabilitazione per protesto assegno devi recarti all'ufficio competente del Tribunale di zona, richiedere il modulo predisposto ed eseguire formale richiesta di riabilitazione al

Presidente del Tribunale. Il modulo compilato deve essere consegnato insieme ai seguenti documenti, che sono tutti indispensabili per la richiesta:

- fotocopia del documento d'identità;
- titolo (assegno) originale;
- quietanza di pagamento (per quietanza di pagamento, o titolo quietanzato, si intendono la data di pagamento, il timbro dell'istituto di credito e la firma del funzionario della banca apposti sull'assegno. In mancanza di ciò, puoi farti rilasciare dal creditore, cioè dalla persona a cui devi il pagamento dell'assegno, una liberatoria firmata in cui questi dichiara che il pagamento è avvenuto, da presentare insieme alla fotocopia del suo documento d'identità);
- l'atto di protesto;
- la documentazione comprovante il pagamento di tutte le spese che si riferiscono al protesto.

Il costo consiste in una marca da bollo e nei diritti di segreteria vigenti al momento della richiesta.

Come richiedere la cancellazione di protesti per assegni

Ottenuta la riabilitazione dal Tribunale, devi presentare domanda di cancellazione. Per fare questo, devi recarti alla Camera di commercio di zona, entrare all'ufficio protesti e richiedere il modulo predisposto per la cancellazione. Compilato il modulo, esegui formale richiesta di cancellazione al Presidente della Camera di commercio.

I documenti da allegare sono i seguenti:

- fotocopia del documento d'identità;
- titolo (assegno) originale;
- quietanza di pagamento;
- la documentazione comprovante il pagamento di tutte le spese che si riferiscono al protesto;
- il documento che attesta la riabilitazione.

Nel caso in cui non fosse possibile rintracciare il creditore per effettuare il pagamento dovuto, è possibile recarsi in banca e versare la somma su un deposito vincolato, con l'esplicita indicazione che il deposito è costituito esclusivamente per il pagamento del titolo. In questo caso, alla richiesta di cancellazione del pretesto bisogna allegare anche un certificato della banca che attesti l'esistenza e il motivo di questo deposito.

SEGRETO n. 22: se non riesci a rintracciare il creditore per effettuare il pagamento, puoi versare la somma su un deposito vincolato in banca, con l'esplicita indicazione che il deposito è costituito esclusivamente per il pagamento del titolo.

I costi per la richiesta di cancellazione sono piuttosto modesti: una marca da bollo (oggi euro 14,62) e i diritti di cancelleria vigenti al momento della richiesta (oggi euro 8).

Entro 20 giorni dalla data di presentazione della domanda di cancellazione, accertata la regolarità dei pagamenti e di tutta la documentazione, il responsabile dell'ufficio deve decidere se accogliere o no l'istanza e, se accolta, disporre la cancellazione del protesto.

Entro i 5 giorni successivi alla data di pronuncia dell'ufficio, viene eseguita la cancellazione definitiva dal Registro informatico dei protesti. Con la cancellazione, il protesto è come se non fosse mai avvenuto. Se l'istanza non viene accolta, è possibile fare ricorso al Giudice di Pace territorialmente competente.

Come richiedere la riabilitazione di protesti per cambiali

La richiesta di riabilitazione di protesti per cambiali è simile a quella per assegni: devi recarti all'ufficio competente del Tribunale di zona, richiedere il modulo predisposto ed eseguire formale richiesta di riabilitazione al Presidente del Tribunale.

Il modulo compilato va consegnato insieme ai seguenti documenti, che sono indispensabili per la richiesta:

- fotocopia del documento d'identità;
- titolo (cambiale) originale;
- quietanza di pagamento;
- atto di protesto;
- la documentazione comprovante il pagamento di tutte le spese riguardanti il protesto.

I costi consistono in una marca da bollo e nei diritti di cancelleria vigenti al momento della richiesta. Dopo che hai ottenuto la riabilitazione, puoi procedere con la cancellazione.

Come richiedere la cancellazione di protesti per cambiali

Anche la procedura per richiedere la cancellazione di protesti per cambiali è simile a quella per assegni. Devi recarti alla Camera di commercio di zona, andare all'ufficio protesti e chiedere il modulo apposito. I costi sono modesti: una marca da bollo (oggi euro 14,62) e i diritti di cancelleria vigenti al momento della richiesta (oggi euro 8).

Per eseguire formale richiesta di cancellazione al Presidente della Camera di commercio, bisogna compilare il modulo e consegnarlo insieme ai seguenti documenti:

- fotocopia del documento d'identità;
- titolo (cambiale) originale;
- quietanza di pagamento;
- atto di protesto;
- la documentazione comprovante il pagamento di tutte le spese riguardanti il protesto;
- il documento che attesta la riabilitazione (è chiaro che questo documento va allegato solo nel caso in cui sia stata in precedenza richiesta la riabilitazione. Qualora sia possibile procedere direttamente alla cancellazione, non è necessario).

Nel caso in cui non fosse possibile rintracciare il creditore per effettuare il pagamento di quanto dovuto, è possibile recarsi in banca e versare la somma su un deposito vincolato, con l'esplicita indicazione che il deposito è costituito esclusivamente per il pagamento del titolo. In questo caso, allegare alla richiesta un certificato della banca che attesti l'esistenza e il motivo di questo deposito.

Entro 20 giorni dalla presentazione della domanda di cancellazione, dopo che è stata accertata la regolarità dei pagamenti e di tutta la documentazione, il responsabile dell'ufficio decide se accogliere o no l'istanza. Se l'istanza viene accolta, dispone la cancellazione definitiva dal Registro informatico dei protesti entro i 5 giorni successivi.

Con la cancellazione, il protesto è come se non fosse mai avvenuto. Se l'istanza non viene accolta, è possibile fare ricorso al Giudice di Pace di zona. Se, prima che si sia conclusa la procedura di riabilitazione o cancellazione (per assegni o per cambiali), vengono levati altri protesti allo stesso nominativo, la riabilitazione o la cancellazione sarà negata.

Trascorsi 5 anni dalla data della levata del protesto, sia per assegni sia per cambiali, la cancellazione è automatica e il protesto è come se non fosse mai avvenuto.

SEGRETO n. 23: trascorsi 5 anni dalla data del protesto, la cancellazione è automatica.

Come richiedere la cancellazione di protesti per illegittimità o errore

Nel caso ci si trovi nella situazione di essere stati protestati per errore o per illegittimità, indistintamente per un assegno o una cambiale, è possibile chiedere immediatamente la cancellazione senza tener conto dei tempi di attesa descritti in precedenza. Per procedere bisogna però presentare tutta la documentazione necessaria a dimostrare l'errore.

In questo capitolo hai imparato come procedere per chiedere (e ottenere) la riabilitazione e successiva cancellazione di un protesto per assegno o per cambiale. A questo punto hai acquisito nuove informazioni e sai come agire anche per quanto riguarda il protesto.

Come avrai notato, facendo tutto personalmente i costi da affrontare sono veramente bassi. Soprattutto nel caso del protesto, le aziende esterne chiedono per svolgere questo servizio cifre veramente alte, che superano notevolmente quelle richieste per le segnalazioni.

RIEPILOGO DEL GIORNO 4:

- SEGRETO n. 18: le centrali dei rischi finanziari non detengono dati di protesti per assegni o cambiali. Questi sono presenti nel Registro informatico dei protesti o Bollettino dei protesti, tenuto dalla Camera di commercio di zona.
- SEGRETO n. 19: il protesto è una delle maggiori cause che possono determinare il rifiuto di una richiesta di finanziamento.
- SEGRETO n. 20: il Bollettino ufficiale dei protesti è un elenco pubblico, quindi può essere visionato liberamente da tutti.
- SEGRETO n. 21: la cancellazione dal Registro informatico dei protesti è possibile ottenerla solo per avvenuto pagamento del titolo, illegittimità o errore, avvenuta riabilitazione.
- SEGRETO n. 22: se non riesci a rintracciare il creditore per effettuare il pagamento, puoi versare la somma su un deposito vincolato in banca, con l'esplicita indicazione che il deposito è costituito esclusivamente per il pagamento del titolo.
- SEGRETO n. 23: Trascorsi 5 anni dalla data del protesto, la cancellazione è automatica.

GIORNO 5:
Come migliorare la richiesta con segnalazioni

Come richiedere un finanziamento pur avendo segnalazioni

A questo punto della guida conosci bene il funzionamento delle centrali dei rischi finanziari, sai come fare richiesta di accesso ai dati, come leggere le visure e come richiedere le cancellazioni. Il passo successivo che dobbiamo affrontare adesso è: **con una segnalazione è ancora possibile accedere a un finanziamento? E se sì, come?**

Innanzitutto bisogna dire che esistono segnalazioni e segnalazioni. Mi spiego meglio: i tipi di segnalazioni che hai studiato nei capitoli precedenti non hanno tutti lo stesso peso per una richiesta di finanziamento.

In ogni caso, anche se la segnalazione è "grave", esistono dei particolari tipi di finanziamento che possono comunque essere concessi. Nel capitolo successivo troverai tutte le informazioni a riguardo. Per adesso cominciamo col rispondere alla domanda precedente e vediamo se è possibile accedere a un finanziamento anche avendo una segnalazione.

SEGRETO n. 24: per qualche istituto finanziario le segnalazioni non hanno tutte lo stesso peso. Pertanto potrebbe esserci ancora la possibilità di accedere a un finanziamento.

Andiamo con ordine e cominciamo a distinguere i vari tipi di segnalazione che potrebbero non pregiudicare necessariamente l'approvazione del finanziamento, apportando dei miglioramenti alla richiesta. Per ogni tipo ti spiegherò come fare e a chi rivolgerti.

Come migliorare la richiesta per una presentazione efficace

Segnalazione per richiesta di finanziamento (finanziamento respinto o in fase d'istruttoria, permanenza 180 giorni)

Questa non è una vera e propria segnalazione, ma potrebbe comunque crearti dei problemi, qualora tu abbia richiesto un finanziamento a un istituto e voglia poi rivolgerti a un altro, magari perché la tua richiesta è stata respinta o l'istruttoria si protrae a lungo e ti accorgi che ci sono pochissime possibilità che vada a buon fine. Ti creerà problemi perché i dati inseriti nel sistema sono visibili a tutti gli istituti aderenti.

Se la tua richiesta è in fase d'istruttoria, potranno pensare che stai facendo il giro degli istituti con lo scopo di accedere a più finanziamenti possibile. Se invece è stata respinta, difficilmente si accolleranno un rischio che altri istituti hanno ritenuto eccessivo. In entrambi i casi vedrai nuovamente respinta la tua richiesta.

SEGRETO n. 25: una richiesta di finanziamento in fase d'istruttoria è inserita in una banca dati visibile a tutti gli istituti finanziari e potrebbe quindi crearti problemi quasi come se fosse una segnalazione.

Distinguiamo i due casi: richiesta respinta e richiesta in fase d'istruttoria. La **richiesta respinta**, per il motivo spiegato in precedenza, è un punto negativo a tuo sfavore, però forse è ancora possibile fare qualcosa, a patto che vi sia una sola segnalazione di pratica respinta e non più di una. Ovviamente questo è un tentativo che puoi fare: la riuscita non è assicurata, però, per esperienza, ti dico che ci possono essere delle approvazioni anche in casi come questo.

Intanto rivolgiti a un'agenzia finanziaria plurimandataria, non a una banca. Questo perché, di solito, le finanziarie sono disposte ad accollarsi un rischio maggiore, a fronte, chiaramente, di un tasso maggiore, e quindi magari chiudono un occhio su parametri che per una banca sono tassativi. Avrai più possibilità di trovare una finanziaria che venga incontro alle tue esigenze, se ti rivolgi a un'agenzia finanziaria plurimandataria.

SEGRETO n. 26: con una sola segnalazione per richiesta respinta è ancora possibile fare un tentativo di richiesta di finanziamento.

A questo punto è doveroso, prima di proseguire, chiarire velocemente la differenza tra: finanziaria, agenzia finanziaria, agenzia finanziaria monomandataria, agenzia finanziaria plurimandataria. In questo modo avrai una visione più ampia e dettagliata che ti permetterà di muoverti nel migliore dei modi.

La **finanziaria** è l'istituto finanziario diretto che colloca i propri prodotti finanziari e può avere o no filiali sul territorio.

L'**agenzia finanziaria** mette in relazione i clienti con finanziarie e/o banche e, quindi, con i loro rispettivi prodotti finanziari. Quest'attività può essere esercitata con un mandato (contratto) di tipo "monomandatario" (attività esercitata per conto di un solo istituto) o "plurimandatario" (attività esercitata per conto di più istituti).

L'**agenzia finanziaria monomandataria** è quell'agenzia che ha avuto il mandato da una sola finanziaria e, quindi, ha a disposizione solo prodotti finanziari di quell'istituto.

L'**agenzia finanziaria plurimandataria**, invece, è un'agenzia che ha diversi mandati da più società finanziarie o banche e ha a disposizione i prodotti finanziari di tutti quegli istituti.

Capisci benissimo che, rivolgendoti a un'agenzia finanziaria plurimandataria, hai più possibilità che il finanziamento sia concesso. Questo perché ogni finanziaria ha i propri parametri di valutazione, per cui avendone a disposizione un numero maggiore è più facile trovare quella che si avvicina alle tue esigenze.

Ciò non toglie che pure un'agenzia finanziaria monomandataria potrebbe risolverti il problema. L'importante è ricercare quella collegata a un istituto finanziario che adotti criteri di valutazione vicini ai parametri della tua richiesta.

Chiarite le differenze, la prima mossa è "mettere a punto" la tua richiesta di finanziamento. In altre parole, apportarvi dei miglioramenti in modo che rientri nei parametri di valutazione di una finanziaria. Un buon punto di partenza è capire il motivo per cui la richiesta precedente è stata respinta.

Nei capitoli precedenti hai imparato il metodo di valutazione che adottano gli istituti di credito per le richieste di finanziamento: è arrivato il momento di servirtene. Comincia a riflettere sulla richiesta che ti è stata respinta, analizza il rapporto rata reddito, l'importo richiesto, la durata, la presenza di altri prestiti e se la richiesta è stata presentata a firma singola o con un garante.

Per mostrarti qual è il modo migliore di procedere, andiamo ad analizzare passo-passo una richiesta respinta e cerchiamo di apportare, dove è necessario e possibile, i vari miglioramenti.

Passo 1 – Rapporto rata/reddito: comincia a calcolare quanto può essere l'importo massimo della rata, prendendo a riferimento il 30% del tuo reddito. Per esempio, se sei un dipendente e hai una busta paga di 1000 euro al mese, la rata mensile di finanziamento massima che puoi sostenere è di 300 euro.

Chiaramente a questi 300 euro devi sottrarre l'importo di altre eventuali rate di finanziamento. Se hai altri prestiti in corso e la differenza che viene fuori è molto bassa o addirittura negativa, allora vuol dire che non vi è più capienza e puoi pensare di optare per un consolidamento debiti. Il **consolidamento debiti** è un finanziamento che raggruppa tutti i finanziamenti accesi in uno solo: vengono estinti i debiti residui e la differenza dell'importo richiesto ti viene liquidata.

Rivolgendoti a una finanziaria, potresti anche aumentare la percentuale del rapporto rata-reddito. Però, visto che hai una segnalazione, ti consiglio di tenerla così. Se proprio non rientri nei parametri di calcolo, puoi arrivare a un 35%, ma non di più.

Passo 2 – Importo richiesto e durata: se con il calcolo del rapporto rata-reddito non rientri nei parametri, devi aiutarti abbassando l'importo richiesto o, se possibile, allungare la durata o magari entrambi.

SEGRETO n. 27: se una richiesta ti viene respinta, apporta le giuste modifiche, migliora i parametri per rientrare nel rapporto rata-reddito e fai di nuovo richiesta.

Passo 3 – Reddito: se nonostante questo i conti continuano a non tornare, l'unica possibilità che hai è quella di aumentare il reddito, aggiungendo al tuo quello di un garante.

Se nella tua richiesta precedente avevi già previsto un garante, può essere che non sia sufficiente, per cui hai bisogno di cercarne un altro o sostituire il precedente. Fai di tutto per aumentare il reddito sommando il tuo a quello del garante, affinché rientri nel rapporto rata-reddito.

Passo 4 – Prepara tutta la documentazione necessaria da portare in agenzia per la richiesta: Il primo documento che ti serve è la lettera **liberatoria,** che devi richiedere all'istituto dove ti sei recato per la prima richiesta di finanziamento. La liberatoria non è altro che una lettera dove si attesta che il finanziamento richiesto non ti è stato concesso.

Questo è necessario perché, come hai imparato in precedenza, i dati non sono aggiornati immediatamente. Pertanto il nuovo istituto erogante non sa con precisione se il finanziamento ti è stato concesso o no.

Se sei lavoratore dipendente, i documenti che devi preparare sono:

- fotocopia di un documento valido e codice fiscale;
- fotocopia delle ultime 2 buste paga, 3 ancora meglio;
- fotocopia dell'ultimo CUD rilasciato dall'azienda per cui lavori, che serve per determinare il tuo reddito complessivo annuo;
- fotocopia dell'estratto conto dove vuoi che sia addebitata la rata. Non è necessario fotocopiare tutto il foglio, ma solo la

parte dell'intestazione dove si evince il nome della banca, l'intestatario e l'iban (l'iban è una serie di numeri e lettere che contraddistinguono il tuo conto corrente, indicando il paese, la banca, abi, cab e numero di conto corrente). Questa forma di addebito chiamata r.i.d., cioè addebito diretto sul conto corrente, è molto apprezzata dagli istituti finanziari e potrebbe essere un punto in più a tuo favore. Ovviamente, se decidi di pagare con bollettini postali, non è necessario presentare alcuna fotocopia;

- certificato di residenza, in originale;
- attestato di servizio (è una certificazione da richiedere al tuo datore di lavoro in cui si legge da quanto tempo lavori in quell'azienda, con che mansioni e se sei a tempo indeterminato o determinato);
- liberatoria.

Se invece sei lavoratore autonomo, servono:

- fotocopia di un tuo documento valido e codice fiscale;
- iscrizione C.C.I.A.A. e/o iscrizione Albo professionale;
- fotocopia delle ultime 2 dichiarazioni di reddito;
- F24 pagati;

- invio telematico dell'ultima dichiarazione dei redditi (se ne sei sprovvisto, la puoi richiedere al tuo commercialista);
- fotocopia dell'estratto conto dove vuoi che sia addebitata la rata;
- certificato di residenza, in originale;
- liberatoria.

Se sei pensionato:

- fotocopia di un tuo documento valido e codice fiscale;
- fotocopia degli ultimi 2 cedolini di pensione (se ti accreditano la pensione in un conto corrente, puoi portare una fotocopia dell'estratto conto da cui si evince l'accredito della pensione);
- fotocopia dell'ultimo rendiconto annuale sui redditi che hai ricevuto (serve per determinare il reddito complessivo annuo);
- fotocopia dell'estratto conto dove vuoi che sia addebitata la rata;
- certificato di residenza, in originale;
- liberatoria.

Ovviamente, se ci sono garanti, anche loro dovranno presentare la stessa documentazione, tranne quella riguardante i dati bancari.

Passo 5 – Preparata la documentazione, recati presso un'agenzia finanziaria: Recati in un'agenzia finanziaria, possibilmente plurimandataria, e fai il possibile per parlare direttamente con il titolare dell'agenzia, che di solito è anche l'agente mandatario. Informa il tuo interlocutore della richiesta respinta, illustra la situazione nei minimi dettagli, senza tralasciare niente, spiega le modifiche che hai apportato alla tua nuova richiesta (importo, durata, garante) e chiedi se è possibile fare una nuova richiesta di finanziamento.

È vero che il mediatore creditizio che istruisce la pratica guadagna provvigioni solo se la richiesta è accettata, ma potresti incontrare agenti finanziari con poca esperienza che, pur di inserire una pratica nel sistema, non faranno le necessarie valutazioni. In questo caso ti ritroveresti a fare un altro buco nell'acqua, oltre che ad accumulare un'altra richiesta respinta e inserita nelle banche dati.

Capire chi hai di fronte non è facile, ma neanche impossibile. Se, dopo solo pochi minuti che hai esposto la tua richiesta e hai fatto visionare la tua documentazione, ottieni una risposta del tipo «Non ci sono problemi! Adesso facciamo subito la richiesta. Mi deve solo firmare il foglio della privacy per inserire i dati nel sistema», il più delle volte potresti essere di fronte a una persona poco esperta.

Pratiche di questo tipo vanno esaminate, preparate e poi presentate, non inserite immediatamente nel sistema. Una risposta più consona potrebbe essere: «Mi lasci un paio di giorni per esaminare la documentazione e fare qualche telefonata per avere maggiori informazioni in merito. Ritorni il giorno "x" e le saprò dare una risposta».

Questo, ovviamente, è solo un esempio per farti capire quanto sia importante che la pratica venga esaminata con attenzione. Fai in modo che la documentazione sia valutata con attenzione, in modo da avere una buona percentuale di riuscita prima che siano inseriti i dati nel sistema.

È chiaro che la certezza matematica non potrà dartela nessuno e nessuno farà miracoli, però già avere una buona percentuale di riuscita significa essere a buon punto.

SEGRETO n. 28: prepara con attenzione la documentazione da presentare all'agenzia finanziaria e fa' in modo che venga esaminata con attenzione prima che i dati vengano inseriti nel sistema, in modo da avere in partenza una buona percentuale di riuscita.

Prendersi qualche giorno di tempo, come nell'esempio precedente, serve a capire, tramite la documentazione, se è possibile impostare la richiesta con quei parametri, se è meglio apportare nuovi miglioramenti, oppure se non vi è alcuna possibilità di approvazione.

Inoltre il mio consiglio è di prendere contatto con tutte le finanziarie che siano disposte a valutare una richiesta di finanziamento, anche se è già presente un rifiuto da parte di un altro istituto.

Durante la mia attività di mediatore creditizio, ho incontrato diversi casi del genere. Analizzare la documentazione e impostare la pratica con i giusti parametri, prima di presentarla alla finanziaria, è un'operazione che aumenta notevolmente la possibilità di ottenere un'approvazione. Seguendo questi semplici accorgimenti, avrai quindi maggiori probabilità che il finanziamento ti sia concesso.

È chiaro che i risultati si ottengono solo se ci si mette impegno, determinazione e solo se si hanno le giuste strategie. Nel caso in cui, anche apportando aggiustamenti, non dovessi comunque rientrare nei parametri e la richiesta venisse nuovamente respinta, non scoraggiarti. Nel capitolo successivo troverai la soluzione che si adatta a tutti i tipi di segnalazione.

Richiesta in fase d'istruttoria

Se la tua richiesta di finanziamento è ancora in fase d'istruttoria, il tempo necessario per l'approvazione si protrae a lungo e hai intenzione di rivolgerti a un altro istituto, ecco cosa devi fare. Innanzitutto recati all'istituto dove hai richiesto il finanziamento, fai rinuncia e richiedi la lettera liberatoria.

In seguito prepara tutta la documentazione elencata prima e recati in un altro istituto finanziario. La prassi è la stessa del caso precedente. In questo caso, essendoci stata una rinuncia da parte tua, la richiesta dovrebbe essere accettata più facilmente, perché non c'è stato alcun rifiuto da parte di altri istituti. Ti ricordo però che la certezza matematica non può dartela nessuno e nessuno fa miracoli.

Segnalazione per rinuncia al finanziamento (cancellazione possibile dopo 30 giorni dalla data di rinuncia)

Anche questa non è una vera e propria segnalazione. Qualora tu abbia rinunciato al finanziamento, devi procedere immediatamente con la richiesta della lettera liberatoria. Apporta le modifiche, se necessarie, alla pratica, prepara la documentazione e recati in un altro istituto finanziario, come descritto in precedenza.

SEGRETO n. 29: se la richiesta è in fase d'istruttoria non rivolgerti a un altro istituto prima di aver fatto rinuncia e aver richiesto la lettera liberatoria.

Segnalazione per ritardo di pagamento di 1-2 rate o mensilità (permanenza: 12 mesi dalla regolarizzazione)

In questo caso esiste una vera e propria segnalazione dovuta a ritardo. Chiaramente, in questa sezione, non prendiamo in considerazione il caso in cui le rate in ritardo non siano state ancora pagate, ma poniamo che la situazione sia stata regolarizzata e sia passato qualche mese, almeno 3-4.

La situazione è questa: abbiamo pagato le rate in ritardo, ma la segnalazione, come abbiamo studiato, sarà ancora presente per i 12 mesi successivi a quella data. Come fare, in caso di necessità, a richiedere un finanziamento prima che siamo decorsi i tempi di permanenza?

La prassi da seguire è la stessa di quella della segnalazione per richiesta respinta. L'unica documentazione da aggiungere è una liberatoria che, in questo caso, funge da ricevuta: una lettera emessa dall'istituto finanziario cui abbiamo pagato le rate in ritardo, dove si attesta che il pagamento è avvenuto, specificando anche quando.

Inserire la lettera nella documentazione da portare al nuovo istituto e seguire la stessa procedura della pratica respinta. Chiaramente in questo caso le difficoltà aumentano di tantissimo, ma non è detto che l'operazione sia impossibile.

Segnalazione per ritardo di pagamento di più di 2 rate o mensilità (permanenza: 24 mesi dalla regolarizzazione)

Questa è una situazione analoga alla precedente, ma molto più grave. In questo caso sarà difficile trovare una finanziaria disposta a finanziarci. Comunque se abbiamo pagato le rate arretrate, non è detta l'ultima parola, a condizione che le rate in ritardo siano state 3 o al massimo 4 e che siano passati almeno 6-7 mesi dalla regolarizzazione.

È chiaro poi che dal momento della regolarizzazione non devono esserci stati altri ritardi. Se ci sono queste condizioni, prepariamo tutta documentazione come descritto in precedenza e facciamo un tentativo.

RIEPILOGO DEL GIORNO 5:

- SEGRETO n. 24: per qualche istituto finanziario le segnalazioni non hanno tutte lo stesso peso. Pertanto potrebbe esserci ancora la possibilità di accedere a un finanziamento.
- SEGRETO n. 25: una richiesta di finanziamento in fase d'istruttoria è inserita in una banca dati visibile a tutti gli istituti finanziari e potrebbe quindi crearti problemi quasi come se fosse una segnalazione.
- SEGRETO n. 26: con una sola segnalazione per richiesta respinta è ancora possibile fare un tentativo di richiesta di finanziamento.
- SEGRETO n. 27: se la richiesta è respinta, apporta le giuste modifiche e miglioramenti ai parametri per rientrare nel rapporto rata reddito e fai di nuovo richiesta.
- SEGRETO n. 28: prepara con attenzione la documentazione da presentare all'agenzia finanziaria e fa' in modo che venga esaminata con attenzione prima che i dati vengano inseriti nel sistema, in modo da avere una buona percentuale di riuscita.
- SEGRETO n. 29: se la richiesta è in fase d'istruttoria non rivolgerti a un altro istituto prima di aver fatto rinuncia e aver richiesto la lettera liberatoria.

GIORNO 6:
Come finanziarsi con segnalazioni e protesti

Purtroppo a volte può capitare di avere segnalazioni nelle centrali dei rischi finanziari e/o protesti che non è possibile cancellare e di avere esigenza di un finanziamento. Allora cosa fare?

Esistono particolari tipi di finanziamento che non tengono conto né delle segnalazioni nelle centrali dei rischi finanziari né dei protesti e sono:

- cessione del quinto dello stipendio;
- prestito delega;
- cessione del quinto a 180 mesi;
- prestito cambializzato.

Come finanziarsi con la cessione del quinto dello stipendio

La cessione del quinto dello stipendio nasce con la Legge 5 gennaio 1950 n. 180. Modifica: comma 137 dell'art 1 della Legge 30 dicembre 2004 n. 31. Modifica: art. 13bis della Legge 14 maggio 2005 n. 80, che ha convertito, con modificazioni, il Decreto legge 14 marzo 2005 n. 35.

Questo particolare tipo di finanziamento non tiene conto di segnalazioni e protesti e il rimborso avviene tramite trattenuta sulla busta paga o cedolino della pensione. Inizialmente l'accesso a questo tipo di finanziamento era riservato solo a dipendenti statali e pubblici, ma da qualche anno è stato esteso anche a dipendenti di aziende private e pensionati.

È chiamato "cessione" appunto perché si cede una parte dello stipendio netto o pensione, "del quinto" perché può essere ceduto al massimo un quinto dello stipendio base, quindi la rata massima non può eccedere un quinto dello stipendio netto.

Questo tipo di finanziamento non tiene conto di segnalazioni e di protesti perché vengono messi a garanzia il TFR (trattamento di fine rapporto o liquidazione) o la polizza assicurativa, in caso di pensionati. Inoltre, a differenza di un prestito tradizionale, la rata è pagata direttamente dal datore di lavoro o dall'ente previdenziale, pertanto non c'è il rischio che non venga pagata.

SEGRETO n. 30: la cessione del quinto non tiene conto né di segnalazioni né di protesti, perché la rata è trattenuta direttamente sulla busta paga ed è pagata dal datore di lavoro.

Ovviamente, avvenendo la trattenuta nella busta paga o pensione, bisogna essere necessariamente lavoratore dipendente oppure percepire una pensione da un ente previdenziale. Questo tipo di finanziamento quindi è rivolto solo a chi ha un contratto a tempo indeterminato o è pensionato.

In alcuni casi è possibile ottenere questa tipologia di prestito anche con un contratto a tempo determinato, ma in questo caso la durata del finanziamento non dovrà eccedere quella del contratto a termine. La durata del piano di finanziamento può arrivare fino a 120 mesi: con una dilazione di questo tipo capisci benissimo che l'importo richiesto può essere elevato.

SEGRETO n. 31: la cessione del quinto può raggiungere importi elevati, pertanto è utilizzata anche come consolidamento debiti, estinguendo altri finanziamenti.

Il massimo importo finanziabile è determinato:

- dalla liquidazione maturata (TFR) e dallo stipendio netto percepito, per i dipendenti;
- dall'entità della pensione, per i pensionati.

La rata è fissa e, come dicevo, non può superare il quinto dello stipendio. Non è richiesto nessun tipo di garanzia: non sono necessari né garanti, né fideiussioni, né ipoteche.

La garanzia principale è costituita dallo stipendio stesso e dal TFR. Inoltre, per coprire la parte che eventualmente potrebbe eccedere la copertura del solo TFR, viene stipulata una polizza assicurativa che copre il rischio vita e il rischio impiego.

Per i dipendenti statali, l'assicurazione può essere rilasciata sia dall'INPDAP sia da una compagnia assicurativa privata, mentre per i dipendenti di aziende private solo da una compagnia assicurativa privata. La richiesta è a firma singola.

L'estinzione, in questo tipo di finanziamento, è possibile in qualsiasi momento. Si ha inoltre la possibilità di rinnovarlo una volta trascorsi i 2/5 della durata totale. Ovviamente per i pensionati esiste un limite di età di fine contratto, che però, in alcuni casi, può arrivare fino a 100 anni.

SEGRETO n. 32: la cessione del quinto può essere richiesta anche da chi è già in pensione. La trattenuta è effettuata sul cedolino dall'ente previdenziale.

Questo finanziamento viene concesso anche in presenza di altri finanziamenti e, a differenza degli altri casi, non tiene conto dell'importo delle rate totali. Non si deve motivare la richiesta, che può essere presentata senza dare spiegazioni a nessuno sulle ragioni per cui si chiede il finanziamento.

Per la cessione del quinto dello stipendio la documentazione da presentare è la seguente:

- fotocopia di un documento d'identità in corso di validità;
- fotocopia del codice fiscale;
- ultima busta paga;
- certificato di stipendio (il certificato di stipendio è un documento che devi richiedere al tuo datore di lavoro. Vi

sono riportati la data di assunzione, il tipo di contratto, cioè a tempo determinato o indeterminato, lo stipendio netto e il TFR maturato fino a quel momento);

- a volte, per i dipendenti, è richiesto anche l'ultimo CUD;
- cedolino della pensione e ultimo conteggio annuale, per i pensionati.

Se hai bisogno di farti fare solo un preventivo, è sufficiente portare l'ultima busta paga o l' ultimo cedolino della pensione.

Come finanziarsi con il prestito con delega

Un altro finanziamento al quale si può accedere anche in presenza di segnalazioni e/o protesti è il prestito con delega, che ha tutte le caratteristiche della cessione del quinto dello stipendio. La particolarità di questo tipo di finanziamento sta nella possibilità di affiancare a una rata di cessione del quinto già in corso un'altra rata d'importo minore. In gergo è chiamato anche "doppio quinto".

Quando si ha in corso sulla busta paga una cessione del quinto non rinnovabile a causa dell'elevato importo residuo, è possibile procedere con il prestito con delega. Questo tipo di finanziamento è concesso a dipendenti di enti statali, enti pubblici e aziende di medie e grandi dimensioni con una buona anzianità di servizio. Per i dipendenti di aziende private è a discrezione del datore di lavoro, quindi è necessario il suo consenso.

SEGRETO n. 33: se hai già in corso una cessione del quinto puoi affiancarvi un prestito con delega, che infatti, in gergo, è chiamato anche "doppio quinto".

Questo tipo di finanziamento, come la cessione del quinto, non tiene conto di segnalazioni e di protesti ed è pagato direttamente dal datore di lavoro. Per i dipendenti di enti pubblici e statali non è necessario il consenso del datore di lavoro. Possono far richiesta di prestito con delega tutti i dipendenti statali, pubblici e di aziende private che abbiano già una trattenuta sulla busta paga tramite cessione del quinto. Il prestito con delega, ovviamente, non è previsto per i pensionati.

La durata del piano di finanziamento può arrivare fino a 120 mesi, quindi con una dilazione simile alla cessione del quinto. Il massimo importo finanziabile, come per la cessione, è determinato dalla liquidazione maturata (TFR) e dallo stipendio netto percepito per i dipendenti. La rata è fissa e di solito è inferiore o pari a quella della cessione del quinto.

Come per la cessione del quinto, non è richiesto alcun tipo di garanzia, quindi non sono necessari garanti, fideiussioni o ipoteche. La richiesta è a firma singola. L'estinzione è possibile in qualsiasi momento. Si ha inoltre la possibilità di rinnovare il finanziamento una volta trascorsi i 2/5 della durata totale.

Come la cessione del quinto, il prestito con delega è concesso anche in presenza di altri finanziamenti, quindi non tiene conto dell'importo delle rate totali. Non c'è bisogno di motivare la richiesta, quindi non hai bisogno di dare spiegazioni a nessuno sul perché ti serve il finanziamento.

Per il prestito con delega la documentazione da presentare è:

- fotocopia di un documento d'identità in corso di validità;
- fotocopia del codice fiscale;
- ultima busta paga;

- certificato di stipendio;
- a volte richiedono anche l'ultimo CUD.

Se hai bisogno solo di un preventivo, è sufficiente portare l'ultima busta paga.

Come finanziarsi con la cessione fino a 180 mesi

La cessione fino a 180 mesi è regolata dall'art. 2800 del Codice Civile. È, a tutti gli effetti, una cessione e ha tutte le caratteristiche della cessione del quinto dello stipendio. Questo tipo di finanziamento è poco conosciuto, ma è invece un'ottima soluzione per chi ha già in corso una cessione del quinto unita a un prestito con delega, oppure una cessione non rinnovabile per un rimborso troppo alto per l'estinzione.

Proprio perché è poco conosciuto quando ti rivolgerai agli istituti finanziari per richiederlo, potresti non trovarlo nel portafoglio prodotti. Se non riesci a trovarlo nelle agenzie della tua zona, puoi sempre fare una ricerca su internet.

SEGRETO n. 34: la cessione a 180 mesi ti permette di ottenere liquidità, qualora tu non riesca a rinnovare una cessione e/o un prestito con delega per il residuo troppo elevato.

È concesso solo ai dipendenti di grandi aziende private con contratto a tempo indeterminato e un'ottima anzianità di servizio. Per certi importi sono richiesti un certificato medico di buona salute rilasciato dal medico curante o una visita specialistica.

La particolarità di questo finanziamento è che, oltre ad avere tutte le caratteristiche di una cessione del quinto, la dilazione può arrivare fino a 180 mesi. Pertanto è chiaro che si può arrivare a importi veramente elevati.

Come la cessione del quinto, questo tipo di finanziamento non tiene conto di segnalazioni e di protesti e non necessita di garanti, fideiussioni o ipoteche, perché mette a garanzia lo stipendio e il TFR. Il massimo importo finanziabile è determinato dalla liquidazione maturata (TFR) e dallo stipendio netto percepito dai dipendenti.

La rata è fissa per tutta la durata del finanziamento. Inoltre, per la parte che potrebbe eccedere la copertura con il solo TFR, è stipulata una polizza assicurativa che copre il rischio vita e il rischio impiego. La richiesta è a firma singola.

L'estinzione, in questo tipo di finanziamento, è possibile in qualsiasi momento. Inoltre viene concesso anche in presenza di altri finanziamenti, ma necessariamente devono essere estinti sia la cessione che la delega, se presenti. Non è necessario motivare la richiesta.

Per la cessione del quinto a 180 mesi la documentazione da presentare è la seguente:

- fotocopia di un documento d'identità in corso di validità;
- fotocopia del codice fiscale;
- ultima busta paga;
- certificato di stipendio;
- a volte richiedono anche l'ultimo CUD;
- certificato di buona salute nei moduli predisposti dalla finanziaria.

Se hai bisogno solo di un preventivo è sufficiente anche l'ultima busta paga.

Come finanziarsi con il prestito cambializzato

Il prestito cambializzato è una particolare forma di finanziamento che prevede il rimborso attraverso titoli cambiari (cambiali) con cadenza mensile. Si tratta di un finanziamento a **tasso fisso**, quindi a **rata costante** con scadenze mensili, secondo un piano di rientro stabilito.

Questo tipo di finanziamento non tiene conto di segnalazioni perché mette a garanzia il TFR per quanto riguarda i lavoratori dipendenti, una polizza vita stipulata da almeno 2 anni o la firma a garanzia di una terza persona per quanto riguarda i lavoratori autonomi.

Generalmente, in presenza di un protesto, questo tipo di finanziamento difficilmente è concesso, in ogni caso la decisione è sempre a discrezione dell'istituto finanziario. Il pagamento deve essere fatto presso un istituto scelto, solitamente, dal richiedente, che non necessariamente deve essere la sua banca.

L'importo finanziato è erogato, normalmente, tramite assegno circolare o bonifico bancario sul conto corrente. Questo tipo particolare di finanziamento è concesso a lavoratori dipendenti e autonomi, anche cittadini stranieri, e, a determinate condizioni, possono avervi accesso anche i pensionati.

La durata del piano di finanziamento può arrivare fino a 120 mesi, quindi con una dilazione di questo tipo l'importo richiesto può essere elevato. L'importo finanziabile è determinato dalla liquidazione maturata (TFR) o dal valore maturato di riscatto della polizza vita.

L'estinzione è possibile in qualsiasi momento e il rinnovo è a discrezione dell'istituto erogante. È concesso anche in presenza di altri finanziamenti, quindi non tiene conto dell'importo delle rate totali, come negli altri casi. Non devi motivare la richiesta.

Per lavoratori dipendenti la documentazione da presentare è la seguente:

- fotocopia di un documento d'identità in corso di validità;
- fotocopia del codice fiscale;

- ultima busta paga;
- certificato di stipendio;
- ultimo CUD.

Per lavoratori autonomi:

- fotocopia di un documento d'identità in corso di validità;
- fotocopia del codice fiscale;
- ultima dichiarazione dei redditi;
- contratto della polizza vita.

Questo tipo di finanziamento è offerto sia dalle banche sia dalle finanziarie. Tieni presente che non sarà inserito nessun dato in nessuna centrale dei rischi finanziari. Pertanto se vuoi spuntare un tasso vantaggioso, ti consiglio di farti fare più preventivi possibile da diverse agenzie finanziarie.

Il preventivo non è per nulla un impegno a sottoscrivere il contratto di finanziamento. Proprio per questo, una volta che hai il preventivo di un'agenzia finanziaria, ti rechi da un'altra, glielo mostri e chiedi che ti venga concesso un tasso minore. Continua così fino a quando avrai in mano diversi preventivi con tassi differenti. A quel punto non ti resta che decidere l'istituto che ti offre il tasso e le condizioni migliori.

Per completezza d'informazioni, definiamo in sintesi cos'è una cambiale e come funziona.

Come funziona e cos'è la cambiale

Per definizione, la cambiale è un titolo di credito esecutivo che ha la funzione di differire il pagamento di una certa somma nel tempo. Ad esempio, se oggi ricevo un prestito con cambiale a garanzia, domani restituirò questa somma pagando una o più cambiali, secondo l'accordo, alla loro scadenza.

La cambiale è stata uno dei mezzi di pagamento più diffusi e utilizzati nel passato, in particolare intorno agli anni Settanta. È importante dire che, essendo un **titolo esecutivo**, la cambiale può, in caso di mancato pagamento delle rate, portare **all'esecuzione forzata dei beni del debitore**.

In altre parole, il mancato pagamento delle rate, è passibile di pignoramento dei beni mobili e/o immobili del debitore, pari alle somme dovute, essendo questa la caratteristica principale di garanzia di questo tipo di finanziamento. Ovviamente, oltre a questo, sarà levato anche il protesto con l'iscrizione nel Bollettino informatico dei protesti.

RIEPILOGO DEL GIORNO 6:

- SEGRETO n. 30: la cessione del quinto non tiene conto né di segnalazioni né di protesti, perché la rata è trattenuta direttamente sulla busta paga ed è pagata dal datore di lavoro.
- SEGRETO n. 31: la cessione del quinto può raggiungere importi elevati, pertanto è utilizzata anche come consolidamento debiti estinguendo altri finanziamenti.
- SEGRETO n. 32: la cessione del quinto può essere richiesta anche da chi è già in pensione. La trattenuta è effettuata sul cedolino dall'ente previdenziale. .
- SEGRETO n. 33: se hai già in corso una cessione del quinto puoi affiancarvi un prestito con delega, che infatti, in gergo, è chiamato anche "doppio quinto".
- SEGRETO n. 34: la cessione a 180 mesi ti permette di ottenere liquidità nel caso non riesci a rinnovare una cessione e/o un prestito con delega per il residuo troppo elevato.

GIORNO 7:
Come incidono le banche dati sui prestiti

In questo capitolo vedremo insieme le incidenze che le centrali dei rischi finanziari hanno sui vari strumenti creditizi. Vedremo in particolare se e come, per ogni prodotto creditizio, esse intervengano nel sistema. Quest'ulteriore spiegazione è necessaria per il fatto che molti sono all'oscuro di questi funzionamenti.

Molti, ad esempio, credono che l'affidamento in conto corrente (il classico scoperto di conto) o le carte di credito non siano strumenti del credito. Pertanto non sono a conoscenza del fatto che anche questo tipo di dati può essere presente nei sistemi d'informazione creditizia.

Per completezza d'informazione è doveroso, innanzitutto, fare una classificazione dei prodotti di credito, evidenziando la loro correlazione con le centrali dei rischi finanziari. Inoltre andiamo a presentare un altro "istituto segnalatore" di cui non abbiamo ancora parlato: la **CAI (Centrale allarme interbancaria)**, dove si trovano segnalazioni dovute ad assegni e carte di credito.

Come le centrali dei rischi finanziari incidono sui prestiti personali

Dei prestiti personali abbiamo parlato abbondantemente nei capitoli precedenti. Vale la pena però ricordare che questi sono dati che sicuramente troviamo nelle centrali dei rischi finanziari.

Come le centrali dei rischi finanziari incidono sui mutui

I mutui sono tipi di dati che possiamo trovare sia nelle centrali dei rischi finanziari private sia in quella pubblica.

Come le centrali dei rischi finanziari incidono sulle carte di credito

Il discorso carte di credito va affrontato in modo più dettagliato e preciso, distinguendo tra **carta di debito** e **carta di credito**.

Differenze tra carta di debito e carta di credito

La carta di debito non è altro che il **bancomat** che ci permette di effettuare pagamenti e prelievo di contanti. L'addebito avviene il giorno dell'operazione, con valuta nello stesso giorno. Il prelievo presume che vi sia la disponibilità necessaria sul conto corrente per l'operazione.

Proprio per questi motivi il bancomat non interessa le centrali dei rischi finanziari, nelle quali pertanto non troveremo mai dati di questo tipo. Le carte di credito possono essere di due tipi: la carta di credito **a saldo** e la carta di credito **revolving**.

La carta di credito a saldo

La carta di credito a saldo è usata sia per pagamenti sia per prelievo di contanti, come il bancomat. La differenza è che l'addebito avviene, solitamente, entro la metà del mese successivo. Di conseguenza non richiede un'immediata disponibilità sul conto corrente per l'operazione.

Può quindi essere paragonata a un prestito che l'istituto finanziario concede e che si deve restituire il mese successivo. Proprio per questo motivo è chiamata carta di credito, perché è come se avessimo dentro la carta un credito sempre disponibile che possiamo utilizzare quando vogliamo.

La carta di credito revolving

La carta di credito revolving è usata, come quella a saldo, sia per pagamenti sia per prelievo di contanti. La differenza tra le due sta nel fatto che in questo caso il pagamento dell'importo che abbiamo utilizzato avviene tramite un rimborso effettuato in rate mensili.

Detto questo, capisci benissimo che le carte di credito sono "crediti" a tutti gli effetti paragonabili a un finanziamento. Proprio per questo, le carte di credito interessano le centrali dei rischi finanziari, che, infatti, possono contenere dati di questo tipo.

SEGRETO n. 35: nelle centrali dei rischi finanziari possiamo trovare dati relativi alle carte di credito, ma non alle carte di debito (bancomat).

I dati delle carte di credito, come pure quelli degli assegni, è possibile trovarli anche in un'altra banca dati, la CAI (Centrale allarme interbancaria). Vediamo di che si tratta.

Cos'è e come funziona la CAI (Centrale allarme interbancaria)

Le carte di credito e gli assegni possono essere inseriti anche in una centrale di segnalazione che è la CAI. La Centrale allarme interbancaria è una banca dati gestita dalla Banca d'Italia, dove sono raccolte le seguenti segnalazioni:

- generalità di chi ha emesso assegni bancari e postali senza autorizzazione o senza liquidi;
- estremi identificativi degli assegni bancari e postali non restituiti dopo la revoca della firma;
- estremi identificativi degli assegni bancari e postali di cui sia stato denunciato il furto o lo smarrimento o che siano stati bloccati;
- generalità dei soggetti ai quali è stata revocata l'autorizzazione all'utilizzo delle carte di credito;
- estremi delle carte di credito revocate e di quelle di cui è stato denunciato il furto o lo smarrimento;
- generalità dei soggetti ai quali siano state applicate sanzioni amministrative pecuniarie e accessorie, a seguito dell'emissione di assegni bancari e postali senza autorizzazione o senza provvista;
- generalità dei soggetti ai quali siano state irrogate sanzioni

penali per l'inosservanza degli obblighi imposti a titolo di sanzione amministrativa accessoria.

SEGRETO n. 36: La CAI (Centrale allarme interbancaria) è una banca dati gestita dalla Banca d'Italia dove possiamo trovare segnalazioni relative a carte di credito e assegni.

In caso di protesto per assegni, si può ricevere una comunicazione dalla banca che vale come preavviso della revoca della firma per gli assegni.

Se da questa data decorrono 60 giorni senza che si provveda al pagamento insieme alle relative spese, si viene segnalati alla Centrale allarme interbancaria **per un periodo pari a sei mesi**. Decorsi i sei mesi, i dati sono cancellati in modo automatico.

In caso di mancato pagamento delle rate della carta di credito revolving o del saldo per quanto riguarda la carta di credito a saldo, l'iter è uguale: si rischia di rimanere segnalati nella CAI per sei mesi.

Per verificare se sono presenti segnalazioni a tuo nome, devi fare domanda di accesso ai tuoi dati tramite la modulistica predisposta dalla Banca d'Italia, che puoi scaricare direttamente dal sito o recandoti in una filiale.

Per scaricare il modulo di richiesta direttamente dal sito internet procedere nel modo seguente. Innanzitutto collegarsi al sito della Banca d'Italia: www.bancaditalia.it

Comparirà la schermata della pagina principale del sito, che è riprodotta nella figura seguente. A questo punto, nel menu in alto, cliccare su "**Servizi al pubblico**" per accedere alla sezione corrispondente.

BANCA D'ITALIA
EUROSISTEMA
English version
Cerca
Indicatore €-coin: settembre 2010
Link al sito €-coin
Educazione Finanziaria
conoscere per decidere
CELEBRAZIONI PER I 150 ANNI DELL'UNITÀ D'ITALIA
1861 > 2011 > >
ULTIMI AGGIORNAMENTI
Notizie
Cambi
Eurosistema e SEBC
Pubblicazioni
Statistiche
Banconote e Monete
Banca centrale
Mercati e sistemi di pagamento
Ricerca economica e relazioni internazionali
Vigilanza
Unità di informazione finanziaria
Gare d'appalto e vendite immobiliari
Concorsi
Organizzazione interna
NOTIZIE
140 anni Roma Capitale
MEDIA ED EVENTI
COMUNICATI STAMPA
PROSSIMI APPUNTAMENTI
CALENDARIO PROSSIME PUBBLICAZIONI
La Banca d'Italia sul territorio

Adesso che siamo nella sezione "Servizi al pubblico" (fig. in basso), nel menu di destra clicchiamo sulla sezione "**Servizi resi dalle filiali**".

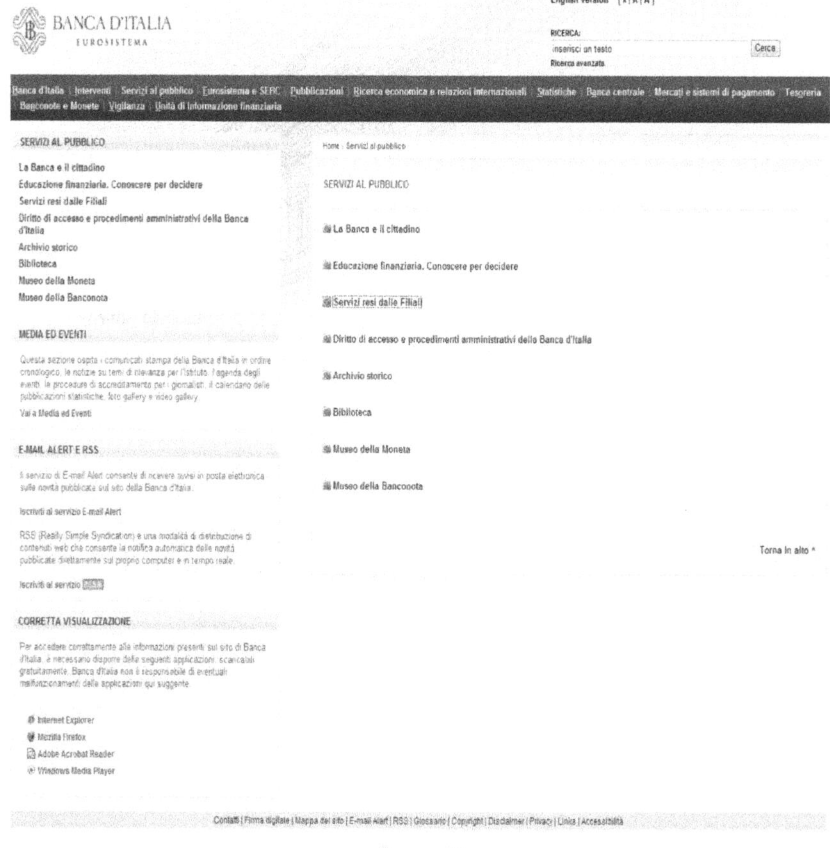

Una volta entrati nella sezione “Servizi resi dalle filiali” (fig. in basso), scorriamo in basso fino a trovare “**Informazioni sui dati della Centrale di allarme interbancaria**” e clicchiamoci sopra.

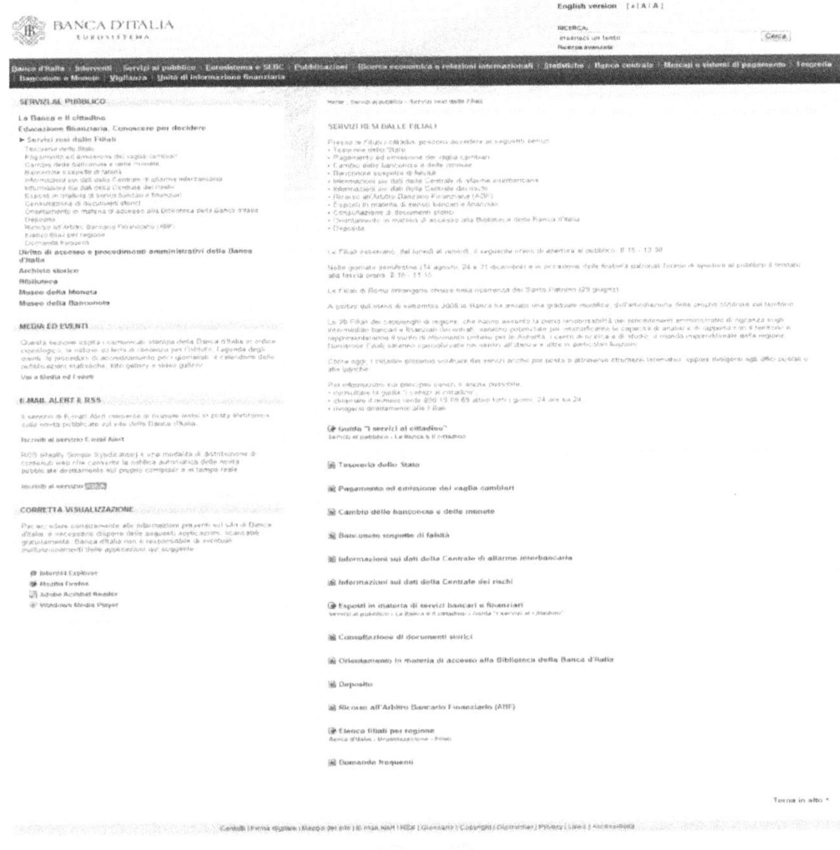

Entrati nella sezione “Informazioni sui dati della Centrale di allarme interbancaria” (fig. in basso), scorrere in basso e cliccare su “**Modalità di consultazione**”.

Una volta entrati nella sezione "Modalità di consultazione" (fig. in basso), cliccare su "**Modulo per la richiesta dei dati nominativi**".

A questo punto si apre il modulo (fig. in basso) che devi scaricare per poi compilare.

ALLA BANCA D'ITALIA
FILIALE di ………………

RICHIESTA DI INFORMAZIONI CONTENUTE NELLA CENTRALE D'ALLARME INTERBANCARIA

DATI NOMINATIVI

…l.._sottoscritt…[1]………………………………………………………………………… nat… a ……………………………………………provincia (o stato estero)……………………… il …../…../………, residente a ………………………… provincia (o stato estero) …………………… via ………………………………………………………………, codice fiscale ……………………………

chiede

a codesto Istituto di verificare l'eventuale iscrizione del proprio nominativo nell'Archivio informatizzato degli assegni bancari e postali e delle carte di pagamento, istituito ai sensi dell'art. 10-*bis* della L. 386/90.

ovvero,

in qualità di [2]…………………………, di verificare l'eventuale iscrizione del seguente soggetto:

□ PERSONA FISICA
Cognome……………………………………………Nome……………………………………
Luogo di nascita ………………………………… provincia (o stato estero) ……………
Data di nascita ……/…… / ……… C.F. ………………………………………… Sesso ……

□ PERSONA GIURIDICA / ENTE NON AVENTE PERSONALITA' GIURIDICA
Denominazione o ragione sociale ……………………………………………………………
Sede Legale ……………………………………………………………………………… prov …..
Codice Fiscale ……………………………………………………

con riferimento ai seguenti segmenti[3]:

□ archivio assegni (CAPRI) □ archivio carte (CARTER)
□ archivio sanzioni amministrative (ASA) □ archivio sanzioni penali (ASP)

A tal fine dichiara:

a) di essere consapevole che, ai sensi dell'art. 76 del D.P.R. 445/2000 le dichiarazioni mendaci, la falsità negli atti e l'uso di atti falsi sono puniti ai sensi del Codice Penale e delle leggi speciali in materia;

b) di aver preso visione e ricevuto copia dell'informativa di cui all'art. 13 del d. lgs. n. 196/2003 (Codice in materia di protezione dei dati personali) relativa ai dati forniti nella presente istanza di accesso.

__________,__________ (luogo e data) ____________________ (firma)

allegato 1

[1] Nome e cognome.
[2] Delegato, rappresentante legale, tutore, erede, etc.
[3] Barrare le caselle che interessano. La richiesta può riguardare anche tutti i segmenti.

Chiede di ricevere le suddette informazioni a mezzo posta, al seguente indirizzo:

....

Recapito telefonico per eventuali comunicazioni: ....

________,________ (luogo e data)   ______________________ (firma)

Allegati:

- □ fotocopia non autenticata di un documento di riconoscimento in corso di validità del richiedente
- □ fotocopia del codice fiscale del richiedente
- □ fotocopia di un documento di iscrizione al REA in corso di validità
- □ dichiarazione sostitutiva di atto di notorietà.

Delega

...l....sottoscritt... ... nat... a ....provincia (o stato estero) ...., il .....-.....-......., residente a .... (......), codice fiscale ....consapevole che, ai sensi dell'art. 76 del D.P.R. 28.12.2000, n. 445, le dichiarazioni mendaci, la falsità negli atti e l'uso di atti falsi contenenti dati non più rispondenti a verità sono puniti ai sensi del codice penale e delle leggi speciali in materia

delega

il sig. ...., codice fiscale ...., nat... il .... a ...., provincia di (o stato estero) ...., documento d'identità n..................rilasciato il .... da ....

- □ a richiedere i propri dati contenuti nella Centrale di allarme interbancaria
- □ a ritirare i risultati dell'accesso ai propri dati contenuti nella Centrale di allarme interbancaria

________,________ (luogo e data)   ______________________ (firma del delegante)

Si allega:

- □ fotocopia non autenticata di un documento di riconoscimento in corso di validità del delegato.

La domanda può essere presentata per posta, via fax, alla casella di posta elettronica certificata (PEC) delle filiali o direttamente in una filiale della Banca d'Italia. In alternativa anche presso banche, uffici postali, intermediari finanziari che emettono carte di pagamento, insieme con un documento di riconoscimento e il codice fiscale. Non è previsto alcun costo.

Come vedi, oltre alla segnalazione nelle centrali dei rischi finanziari private, si può incorrere anche nella segnalazione in questa banca dati.

Come le centrali dei rischi finanziari incidono sugli affidamenti di conto

L'affidamento di conto, il cosiddetto "scoperto di conto", è uno strumento finanziario grazie al quale la banca ti permette di utilizzare un certo importo di denaro fino a un limite concordato da contratto, anche se nel tuo conto corrente non è presente liquidità. Chiaramente questo avviene a fronte di un certo tasso d'interesse. La somma di cui si è usufruito dovrà essere restituita senza che sia determinata una rata.

La banca, quindi, "presta" del denaro. Pertanto l'affidamento in conto corrente è paragonabile a una forma di finanziamento, anche se, per le sue particolari modalità di prelievo e rimborso, molti non lo vedono così. A ogni modo, lo scoperto di conto è uno dei dati che troviamo nelle centrali dei rischi finanziari.

SEGRETO n. 37: l'affidamento in conto corrente non è visto da molti come una forma di credito, per questo motivo si pensa erroneamente che non possa essere presente nelle centrali dei rischi finanziari.

Come le centrali dei rischi finanziari incidono sulle cessioni del quinto

Quelli relativi alle cessioni del quinto dello stipendio sono dati che, proprio per le loro caratteristiche, non troveremo mai nelle centrali dei rischi finanziari, sia pubbliche sia private.

Come le centrali dei rischi finanziari incidono sul protesto

Anche quelli che riguardano i protesti, sia per assegni sia per cambiali, sono dati che non troveremo mai nelle centrali dei rischi finanziari, né pubbliche né private.

Come evitare casi particolari di segnalazioni nelle banche dati

Se hai necessità di richiedere un finanziamento, che non sia né cessione del quinto né prestito con delega, la prima cosa che ti consiglio di fare è una visura nelle centrali dei rischi finanziari. Questo perché, solo in questo modo, puoi avere un quadro completo della situazione e non rischi, per esempio, di dimenticarti una carta di credito o un affidamento in conto corrente.

Avendo una visione chiara ed esaustiva, puoi impostare la tua richiesta di finanziamento secondo parametri che siano in linea con i criteri di valutazione degli istituti finanziari. Inoltre eviti di trovarti nella situazione molto sgradevole di scoprire all'ultimo momento che vi sono inseriti dati di finanziamenti da te mai richiesti, il cosiddetto furto d'identità.

Ti dico questo non per spaventarti, ma per metterti a conoscenza di questa eventualità, specialmente se navighi molto su internet e inserisci i tuoi dati frequentemente. Se dovessi trovarti in una situazione simile, comunque, sai come uscirne perché lo hai imparato in questa guida.

Il punto è che, se scopri subito di essere stato vittima di un furto d'identità, puoi evitare una segnalazione (che naturalmente sarà in ogni caso cancellata), con un notevole risparmio di tempo e di complicazioni. A volte succedono cose cui diamo poca importanza, ma il pericolo è di ritrovare il nostro nominativo inserito nei sistemi d'informazione creditizia. Ecco qualche esempio delle situazioni più sospette.

Esempio 1: ricevere a casa telefonate da istituti finanziari che promuovono i loro prodotti

Sicuramente ti sarà capitato di ricevere a casa telefonate da istituti finanziari che promuovono i loro prodotti, magari a un tasso vantaggioso. E forse, anche solo per curiosità di conoscere l'importo della rata, senza magari avere l'intenzione vera e propria di accedere a un finanziamento, hai comunicato i tuoi dati personali e autorizzato il loro trattamento.

Di solito quando si procede in questo modo, si arriva spesso alla fine della richiesta, il più delle volte solo per curiosità. Se pure nelle telefonate successive comunichiamo di non essere più interessati, i nostri dati potrebbero essere già stati inseriti nelle centrali dei rischi finanziari, dipende dal punto dell'intervista cui siamo arrivati. Di questo episodio, con il passare dei giorni, molto probabilmente ce ne dimentichiamo, salvo poi ritrovarci la sorpresa quando decidiamo di richiedere un finanziamento.

Solo per il fatto che il tutto avviene telefonicamente, il più delle volte si crede che questa prassi non segua l'iter classico di una richiesta di finanziamento. Invece questo tipo di "vendita telefonica", chiamato **contratto a distanza**, è del tutto legale e ha lo stesso valore di una richiesta fatta recandosi personalmente in una banca o in una finanziaria.

Con questo non voglio dire che non devi affidarti a questo tipo di vendita per fare richiesta di finanziamento, perché anzi molte volte si trovano "offerte" a condizioni veramente vantaggiose. Quello che più mi premeva farti capire è che, se non è tua intenzione richiedere un finanziamento, non devi lasciarti prendere dalla curiosità. Chi è all'altro capo del telefono sta facendo semplicemente il proprio lavoro ed è normale che possa inserire i tuoi dati, visto che ha ricevuto il tuo consenso al trattamento per la privacy.

SEGRETO n. 38: se ricevi a casa telefonate di offerte di finanziamento da istituti finanziari e non sei veramente interessato, non farti prendere dalla curiosità. Potresti ritrovare i tuoi dati inseriti nelle centrali dei rischi finanziari senza neanche saperlo.

Esempio 2: fare una richiesta di finanziamento online

Navigando in internet ci si può imbattere in siti o pagine di finanziarie e banche che pubblicizzano i loro prodotti. Analogamente al caso precedente, presi dalla curiosità, dalla semplicità e dalla velocità della richiesta, si può essere spinti a inserire i propri dati per saperne di più.

La raccomandazione è la stessa di prima: procedi all'inserimento solo se sei veramente interessato a richiedere un finanziamento. Proprio per la sua particolarità, la richiesta fatta online velocizza al massimo tutti i processi, quindi l'inserimento dei dati nei sistemi d'informazione creditizia è quasi immediato.

Non a caso, la prima cosa che viene richiesta per procedere è l'autorizzazione al trattamento dei dati personali. Questo è un altro caso in cui potresti ritrovare i tuoi dati inseriti nelle centrali dei rischi finanziari, senza nemmeno ricordarti di aver fatto una richiesta.

SEGRETO n. 39: navigando in internet è facile imbattersi in siti o pagine di finanziarie e banche che pubblicizzano i loro prodotti. Se non hai veramente intenzione di richiedere un finanziamento, non farti prendere dalla curiosità e non inserire i tuoi dati.

Esempio 3: ricevere direttamente a casa una carta di credito da un istituto finanziario senza averne fatto richiesta

Capita spesso che un istituto finanziario invii direttamente a casa di un cliente, anche solo potenziale, una carta di credito in regalo o a condizioni vantaggiose. Se ritieni opportuno approfittare dell'offerta, procedi tranquillamente come indicato.

Se invece la cosa non t'interessa, non fare l'errore di buttare via la carta di credito, perché potrebbe accadere (anche se non avviene sempre così) che dopo un po' di tempo i tuoi dati siano inseriti nei sistemi d'informazione creditizia. Infatti, l'istituto che ti ha inviato la carta potrebbe pensare che l'hai accettata e che magari non ancora la utilizzi.

Che cosa fare in questi casi?

- Taglia la carta di credito a metà con una forbice.
- Scrivi una lettera all'istituto che te l'ha inviata, comunicando il tuo rifiuto ad accettare e utilizzare la carta, e accertati di avere messo data e firma.
- Fai una fotocopia della lettera firmata e della carta di credito tagliata a metà. Devi conservare le fotocopie per eventuali controlli o per dimostrare che non possiedi la carta di credito in questione.
- Invia la lettera in originale firmata e la carta di credito tagliata a metà all'istituto finanziario tramite raccomandata con ricevuta di ritorno, in modo da poter eventualmente dimostrare l'avvenuto invio.

Fatto questo sei tranquillo che, in caso d'inserimento dei tuoi dati nelle centrali dei rischi finanziari, potrai richiedere la loro immediata cancellazione.

SEGRETO n. 40: se ricevi una carta di credito per posta da un istituto finanziario e non t'interessa utilizzarla, tagliala a metà e rimandala indietro.

Con questi esempi ho solo voluto portarti a conoscenza di alcuni fatti che magari trascuriamo e dimentichiamo perché non li riteniamo importanti, ma che invece possono comportare l'inserimento dei nostri dati nei vari sistemi d'informazione creditizia. È chiaro che, se tu sei veramente sicuro di non esserti mai trovato in situazioni simili, puoi procedere tranquillamente alla richiesta di finanziamento.

Come evitare una bocciatura pur non avendo mai avuto un prestito

Un altro caso particolare da citare è quando si richiede un finanziamento per la prima volta. Potrebbe apparire strano, eppure il caso in cui non si sia mai richiesto un finanziamento è paragonabile (per assurdo) a quello di chi ha tante segnalazioni.

Chi si trova in questa situazione pensa magari di andare a colpo sicuro, ma puntualmente, purtroppo, accade che il finanziamento non viene concesso. Questo perché, quando l'istituto finanziario consulta le centrali dei rischi finanziari, nota che non sono presenti dati a tuo nome e quindi non hai uno storico.

Lo storico è la condotta che hai avuto nei confronti dei finanziamenti. Per intenderci, sono tutti quei dati, positivi e negativi, inseriti a tuo nome nei vari sistemi d'informazione creditizia, che abbiamo imparato a conoscere nei vari capitoli di questa guida.

SEGRETO n. 41: non aver mai richiesto un finanziamento, per gli istituti finanziari, è come avere tante segnalazioni nelle centrali dei rischi finanziari, perché non si ha uno storico.

Non avendo informazioni sufficienti per valutare il merito creditizio, gli istituti non sanno come ti comporterai nei pagamenti e possono perciò decidere di respingere la tua richiesta. Per fare in modo che la richiesta sia accettata, bisogna richiedere inizialmente un importo basso, dimostrare nel tempo la puntualità nei pagamenti, per poi richiedere magari un finanziamento più elevato.

Se però si ha necessità di richiedere subito un finanziamento d'importo elevato, la soluzione potrebbe essere quella di aggiungere alla richiesta un garante.

SEGRETO n. 42: se non hai mai richiesto un finanziamento e quindi non hai uno storico nelle centrali rischio, puoi partire con un importo basso o fare richiesta con un garante.

Come evitare una bocciatura per poca anzianità lavorativa

Un altro caso in cui un istituto finanziario può respingere una richiesta di finanziamento è quello di una persona che ha una scarsa anzianità lavorativa. Per concedere un finanziamento, infatti, gli istituti finanziari chiedono una certa stabilità lavorativa.

Questo può essere dimostrato con l'anzianità lavorativa, il che vuol dire che, al momento della richiesta, deve essere trascorso un determinato periodo di tempo dall'assunzione: di solito da 1 a 2 anni, dipende dai criteri di valutazione della società finanziaria. Per superare questo ostacolo, è possibile richiede il finanziamento insieme con un garante.

SEGRETO n. 43: di solito gli istituti finanziari richiedono un'anzianità lavorativa che va da 1 a 2 anni. Se non la si ha, fare richiesta con un garante.

Come evitare una bocciatura per età molto giovane

Di solito quando il richiedente è molto giovane, appena maggiorenne o poco più, gli istituti finanziari non sono molto propensi a concedere finanziamenti.

Questo perché, secondo i criteri generali dei rischi finanziari, la possibilità di un'insolvibilità è alta e ovviamente è poco probabile che esista uno storico nelle centrali dei rischi finanziari. Anche in questo caso la soluzione è fare richiesta con un garante.

RIEPILOGO DEL GIORNO 7:

- SEGRETO n. 35: nelle centrali dei rischi finanziari possiamo trovare dati relativi alle carte di credito, ma non alle carte di debito (bancomat).
- SEGRETO n. 36: La CAI (Centrale allarme interbancaria) è una banca dati gestita dalla Banca d'Italia dove possiamo trovare segnalazioni relative a carte di credito e assegni.
- SEGRETO n. 37: l'affidamento in conto corrente non è visto da molti come una forma di credito, per questo motivo si pensa erroneamente che non possa essere presente nelle centrali dei rischi finanziari.
- SEGRETO n. 38: se ricevi a casa telefonate di offerte di finanziamento da istituti finanziari e non sei veramente interessato, non farti prendere dalla curiosità. Potresti ritrovare i tuoi dati inseriti nelle centrali dei rischi finanziari senza neanche saperlo.
- SEGRETO n. 39: navigando in internet è facile imbattersi in siti o pagine di finanziarie e banche che pubblicizzano i loro prodotti. Se non hai veramente intenzione di richiedere un finanziamento, non farti prendere dalla curiosità e non inserire i tuoi dati.

- SEGRETO n. 40: se ricevi una carta di credito per posta da un istituto finanziario e non t'interessa utilizzarla, tagliala a metà e rimandala indietro.
- SEGRETO n. 41: non aver mai richiesto un finanziamento, per gli istituti finanziari, è come avere tante segnalazioni nelle centrali dei rischi finanziari, perché non si ha uno storico.
- SEGRETO n. 42: se non hai mai richiesto un finanziamento e quindi non hai uno storico nelle centrali rischio, puoi partire con un importo basso o fare richiesta con un garante.
- SEGRETO n. 43: di solito gli istituti finanziari richiedono un'anzianità lavorativa che va da 1 a 2 anni. Se non la si ha, fare richiesta con un garante.

Conclusione

Siamo arrivati alla fine di questa guida. Per me è stato un onore e un piacere aver avuto la possibilità di mettere a tua disposizione la mia esperienza. Spero veramente di cuore di esserti stato utile e di averti illustrato il tutto in maniera chiara e dettagliata. Mi auguro di essere riuscito a colmare quelle lacune che potevano portarti a fare scelte sbagliate e/o costose per i tuoi progetti.

Spero, inoltre, di essere stato in grado di spiegarti questa parte del mondo finanziario e creditizio, che a volte è di difficile interpretazione anche per gli addetti ai lavori, in modo semplice e allo stesso tempo professionale.

Leggendo questo manuale hai potuto apprendere le tecniche necessarie per fare una visura nelle centrali dei rischi finanziari da solo, senza rivolgerti ad aziende esterne. Hai conosciuto le tecniche e i segreti per agire, in modo semplice e del tutto autonomo, sui tuoi dati inseriti nei vari sistemi d'informazione creditizia. Hai imparato i metodi per richiedere la cancellazione delle segnalazioni. Inoltre hai appreso come fare per controllare e a cancellare i protesti, senza spendere le grosse cifre richieste da aziende esterne.

Tutta la guida è stata incentrata sulle centrali dei rischi finanziari e i protesti. Infatti, da qui si parte per arrivare a sviluppare le tecniche più adatte per presentare una richiesta di finanziamento che rientri nei giusti parametri di valutazione. Hai appreso poi i vari tipi di finanziamento esistenti, che si possono richiedere anche in caso di segnalazioni e protesti.

Con questa guida hai avuto insomma una panoramica generale sul funzionamento del mondo creditizio e sulla sua correlazione con le centrali dei rischi finanziari e i protesti. Ora hai a tua disposizione tutti gli strumenti e le informazioni necessarie per farti un quadro preciso della tua situazione del merito creditizio.

Devi mettere in campo tutte queste competenze acquisite e passare subito all'azione. Metti in pratica immediatamente ciò che hai imparato e fai un check-up creditizio completo, in modo da sapere subito tutto e senza chiedere aiuto ad altri. Tutto ciò può esserti utile anche per conoscere il passato. Se ti trovi nella situazione di avere segnalazioni particolari, applica quello che hai appreso nella guida per risolverle.

Nel caso in cui ti siano state respinte delle pratiche di finanziamento, apporta, se possibile, le modifiche suggerite e presenta di nuovo richiesta. Ti ricordo che la certezza dell'approvazione al 100% non può dartela nessuno, ma sicuramente hai degli ottimi strumenti in mano per migliorare di molto la pratica e aumentare le probabilità di riuscita.

Se il tuo problema è che hai subito un protesto, non perdere altro tempo: vedi se rientri nei parametri della cancellazione e agisci immediatamente. Non perdere l'occasione di acquistare la casa dei tuoi sogni o realizzare un tuo progetto solo per questo incidente di percorso. Adesso sai come fare per risolverlo.

Ti ricordo che le segnalazioni e i protesti sono nominativi e ricadono su tutte le persone coinvolte nell'operazione: cointestatari, coobbligati, garanti. Può succedere che in un'operazione finanziaria il tuo nome sia presente e quello di un tuo familiare no, e viceversa. Puoi utilizzare quello che hai appreso sia per te, sia per offrire consigli alla tua famiglia.

Passa subito all'azione e metti in atto ciò che hai imparato per ritrovare la tua serenità finanziaria, mentale e familiare.

Buona fortuna!

Romano Bracciale

www.ingramcontent.com/pod-product-compliance
Ingram Content Group UK Ltd.
Pitfield, Milton Keynes, MK11 3LW, UK
UKHW022022190726
13853UKWH00005B/2061